後ろ歩きにすすむ旅

石井ゆかり

イースト・プレス

後ろ歩きにすすむ旅

はじめに

「石井さん、ベトナム行かれたんですよね、連載で旅行エッセイを書きませんか」「ええっ！　まじですか！　やります！」

と即答したのは、２００９年のことだった。

その頃は星占いの記事を書く仕事しかなく、「星占い以外の仕事」と聞けば、ナカミもよく聞かずに飛びついていたのだ。

以後、雑誌『恋運暦』から『開運帖』に、ずっと連載させて頂いた。

毎回、書くのが楽しくてしかたがなかった。

旅にいった記憶とメモをたどりながら原稿を書くのだが、その都度、旅の空気の中にひきもどされた。原稿を書くたびにもう一度、旅に出ているようだった。

30代半ばになるまで、私は海外旅行というものに、まともに行ったことがなかった。大学の卒業旅行などもしなかったし、なにしろ20代は忙しく、かぎりなく貧乏でもあったので、青春十八きっぷの旅がせいいっぱいだった。

それが、アラサーも脱しようという頃、突然海外に出たのには、自分でもおどろいた。

世の中には「旅上手」や「世界を股にかけて活躍する人々」などがいる。

そういう人たちには、どこか「旅に向いている才能」みたいなものがあるのだろう。

その点、私の性格・能力はというと、どうも、「旅向き」ではない。

ゆえに、穴場紹介も名店案内もなんにもない、いかにもおかしな旅行記ができあがった。

そも、旅行というのは、普通は、珍しいものを見たり聞いたり食べたりし、楽しみ、そうした体験を通して心を真新しく洗い上げるような作業なのではないかと思う。

だけど私は、生来とても臆病なので、「新しい世界にどんどんつっこんでいく」ということに、とても時間がかかる。

怖れ、躊躇し、とまどい、一歩踏み込まない。

私にとって、あらゆる「見知らぬもの」は、恐怖の対象だ。

だから、情報の量がとても少ないのだ。

旅行記を読む楽しみというのは、自分が旅行したことのない場所での体験を追体験する、「旅した気になる」というのが眼目だろう。

あるいは、これから旅する場所についての情報収集、という意味もある。

なのに、この旅日記。

どうも、おかしい。

旅の楽しさやその土地のすばらしさを紹介、していない。

ほとんどなんの有益な情報も含まれていない。

はっきり言って、しょぼい。

が、しかたがない。

情けなくてもしょぼくても、私には私の旅しかなかったのだ。

旅をすれば、見たことのないものや、新しいものに出会う。

でも、いろんなものに出会うたびに、私の頭に浮かんだのはいつも、過去のことだった。

先に進めば進むほど、自分の頭の中に、深く潜っているような感じもした。

なにしろ、いつも一人旅なのだから、主な話し相手は「自分自身」である。

それも、自分の中や過去に向かうベクトルに、拍車をかけた。

本書のタイトル『後ろ歩きにすすむ旅』とは、そういうわけだ。

ハンナ・アーレントは、自分を裏切って他人に合わせるよりは、自分と和解して他人と離別するほうがいい、なぜなら、自分はずっと自分と一緒にいるのだから、というようなことを書いた。わたしはこれをベトナムで読んで、ほんとうにそうだ、と思った。

そのとき、私と対話が可能な人間は、私だけだった。

人生でどんなにたくさんの人間と出会おうが、一番たくさん語り合う相手は、たぶん、自分自身だ。

旅は、特に、自分自身とかたりあう時間をくれる。

自分自身と和解するための時間が、旅する時間なのかもしれない。

連載原稿を本にまとめる作業をしつつ、そんなことを考えた。

私は、他の本ではほぼ、「です・ます」調で文章を書いてきた。

でも、本連載は「だ・である」だ。

これも、自分自身との対話が基礎となっていることのあらわれだと思う。

つまり、読者に語りかけているのではなく、あくまで私のモノローグなのだ。

ゆえに、自分の他の本と比べると、かなり自分勝手だし、乱暴でもある。

内容的にもあまりやくにたたないばかりか、乱暴ですらあるなんて、読者には大変申し訳ないのだが、どうか、ご容赦頂きたい。

先に謝っておこう。

ごめんなさい！

目次

第1章

海外の旅

ベトナム臆病旅行

調子づいて、マニラ、ロンドン

オーストラリアで皆既日食

第2章

国内の旅

京都のくらし

観光的京都

日光でスピリチュアル

第1章

海外の旅

ベトナム臆病旅行

はじめての海外旅行

ベトナム。

ベトナムのことを私は、ほとんど知らない。

私は「ベトナム戦争」が終わった瞬間くらいに生まれている。

ベトナムって、なんだろう。

ベトナムは首都ハノイで、国歌はティエン・クァン・カーで、言語はベトナム語で、通貨はベトナムドンで、一年中真夏みたいなところだ。

私は『地球の歩き方・ベトナム』を、最初のページから教科書を読むように読んだ（そして19頁くらいでやめた）。

こんな便利な本があるなんてすばらしい。パスポートの取り方から電源コンセントの形まで、ありとあらゆることが書いてあるではないか。まるで「ゆりかごから墓場まで」の本だ。すごい。すごすぎる。

しかし正直、私がこの旅行に出る前に最も恐れていたのは、ベトナムがどんなところか、ではなかった。

一番怖かったのは「成田空港を通り抜けること」だった。

何も覚醒剤やピストルを運ぼうというんじゃないのに、なんで空港がおそろしいのか。

いくつか理由はあるが、最大の理由は、飛行機の、あの、わけのわからないチケットのシステムだ。

チェックインってなに？　ホテル？　ボーディング？　ボーリングとどう違うの？

「航空券」と「搭乗券」……なぜチケット的なものが2つもあるのか、皆目意味不明。

かのアインシュタインは（いや、エジソンだったかな）、洗顔用と洗濯用の石けんが別だというだけで「私には複雑すぎる」と言ったそうだが、その気持ちがよくわかる。

ジーザス、この、ひこうきのきっぷ！（あえてひらがなで書くが）

何度かホーチミンとマニラに行ったあとには、このチケットのしくみが漠然と（あくまで漠然とだが）わかるようになったが、初めてのベトナムのときは、もう、旅への恐怖全体の七割五分が、「ひこうきの乗り方がわかりません」で占められていた。

ちなみにあとの二割は「言葉がわかりません」で、のこりの五分は「なにがわからないかわからないけれどもそこがこわい」だった。

出発当日。

旅行代理店で指示されたとおり、私は成田に着き、緊張の面持ちでＪ◯Ｂのカウンターへ向かった。

カウンターでは制服のこなれたお姉さんが、行きの搭乗券と帰りの切符とホテルのバウチャーと、それらが埋もれるほど膨大な、空港内のショップの割引券をくれた。

その時点でびびりすぎるほどびびっていた私は「こんなややこしいものを渡すな！　ここで飲み食いなぞせぬわ！」と、内心逆ギレした。

そこにたたみかけるように「チェックインは済んでますので、そのまま出国ゲートまでお進み下さい」と言われた瞬間、私のストレスゲージがＭＡＸを越えた。

「出国ゲートって、どこ？」

と、キレ気味に聞きかえした。

正しくは「どこですか？」である。

びびりすぎた犬がヒステリックに吠えるような状態だったのだ。

しかしお姉さんは特に動じるふうもなく「あちらに真っ直ぐ進んで頂いて」と手で示した。で、どうもありがとう、とちいさくおさまって、そっちに向かった。

歩きながら、さっきキレ気味になったことを深く反省した。

自分の器の小ささを呪った。


リュック1個の旅だ。預ける荷物もないのでそのまま出国ゲートに向かい、荷物を検査され（ただ荷物を怪しいトンネルみたいな機械に通すだけ）、出国手続きを済ませ（ただ並んでパスポートと搭乗券を見せるだけ）、気がつくと、ものすごく香水くさい場所にいた。

免税店の立ち並ぶ通路、飛行機が飛び立つのを待ってブラブラする人々。

搭乗口を確認し、緊張の糸が切れて、暫し呆然とベンチに座り込んだ。

ドラクエ（ゲーム。）で初めてのダンジョンをクリアしたような気分だった。

しばらくして、搭乗時間となり、「搭乗口までお進み下さい」で、予定時刻通りに搭乗が始まった。

周囲を見ると、みんな緑色とかのパスポートと搭乗券を出しているので、私もマネしてみた。列がどんどん進み、私の番になって、手に持ったものを差し出すと
「日本人の方は搭乗券だけでけっこうです」

と言われた。

そんなん知らんやん！　めっちゃ恥ずかしいわ！

となぜか関西弁で心中に呟きつつ、ドキドキして、真っ赤になった。

しかしその瞬間、私は、ひらめいた。

悟った、と言ってもいいかもしれない。


何を悟ったかというと、つまり。

怖くて怯えてドキドキするのは、失敗したくないと思うからなのだ。

初めてなんだから、失敗して当たり前だし、きょろきょろしたりオドオドしたり怖がった

りするのは、むしろ当然のことなのだ。
スマートにさくさくできないのは、別に、悪いことじゃないのだ。
だから、もっと堂々とオドオドキョトキョトすべきなのだ。
いかにも初めてっぽい感じで、堂々となめられればいいのだ。
それでいいじゃないか！
もうガンガン、不安そうにしよう！　わからなそうにしよう！

そう思ったら何となく落ち着いた。
つまり、開きなおったのだった。

とかなんとかやっているうち、無事に席におさまり、離陸し、映画見て機内食を食べて、数時間。気がつくと飛行機は、タン・ソン・ニャット空港に降りようとしていた。

上空から見るホーチミンシティは、夢のようにうつくしい。
あれから何度かホーチミンに来ているが、フライトはいつも夜だ。

本当に明るいのはホーチミンの中心部だけで、その周りは、あえかに小さな銀河が点在している。みんな同じような大きさ、小さなオレンジ色の粒々。

森のように広がる漆黒に、それがきらきらちらばってきらめいている。

こう書けば、なんの特徴もないのだが、どうしても、何度見ても、胸がずきりとするほどうつくしい。

海の方から飛んで、ぐーんと上空を旋回し、輝くホーチミンシティの中に滑り込む。

衝撃とともに着陸すると、滑走路を静かに走っていく。

滑走路は、わすれな草の花色を深くしたような、可憐なスカイブルーのライトで点々とならされている。赤いネオンの「タン・ソン・ニャット空港」という文字が目に入り、やがて飛行機が止まる。

機外に出ると、まず、重く湿ったあたたかい空気が身体を包み、そして。

私は、実はこの三年間で五回くらいベトナムに行っているけれど、どうしてこんなに何度も「通って」いるのか、その理由は自分でもぜんぜんわからないし、誰にも説明できない。

でもしかしたら、と思うのは、このときだ。

飛行機を降りた瞬間、鼻腔に、ある匂いが満ちるのだ。

この匂いは、ちょっと説明しがたい。

匂いはどんな匂いでも、説明は難しいのだが、この匂いは、なんなのだろう。

たとえば、ベトナム人の皮膚は薄く、肌は深いチョコレート色で、陶器のようになめらかで、強靱だ。

あの肌の感じとこの匂いは、よく似ている。

私はもしかしたらこの匂いのせいで、何度もベトナムに吸い寄せられているのではなかろうか。

今この稿を書きながら、あの匂いを思い出して、胸が痛くなるほどなつかしい。

なつかしい、という言葉は、「なつく」という言葉と繋がっているが、たぶん私は、「ベトナムが好き」とか「ベトナムが気に入った」とかではなく「ホーチミンシティになついてしまった」のだろう。

そうだ、なついてるのだ。それがしっくり来る。

私はこの匂いに、猫がマタタビに吸い寄せられるように、吸い寄せられているのだ。

あとで自分なりに分析したところによると、これはどうも、ベトナムで多用される数々のスパイスと、プルメリアの香りと、日中の熱の残った土や植物の呼吸が、全体に混じったものなのではないかと思われる。

この匂いの話は、私個人の妄想ではない。

その証拠に毎回、同じ飛行機に乗っていた日本人が降りたとたん、「なんだろうねー、この匂い！」みたいなことを言うのが聞こえる。

入国審査で、再度、私の緊張は高まっていた。

係の人はみんなカーキ色の軍服を着ている。銃らしきものを持っている。

そうだ、とここで気がついた。

この国は、社会主義国家なのだ。私がまだ体験したことがない体制の国なのだ。

そう思ったら、緊張はさらに固さを増した。

列が短くなり、とうとう私の番になった。

カウンターの向こうに若い軍服の男性が座っていて、パスポートを出すと、チケットを見せろと言われ、アホが行きの搭乗券の半券を出したりした。

「ちがう、帰りの」

と、カタコトの日本語で言われて、また真っ赤になって、あわてて帰りのチケットを差し出した。

すると、彼はにこっと笑ってチケットとパスポートをチェックし、なんと！　それを返しながら、私にウインクしてくれたではないか！　さらに、ほんの一瞬、こそっと親指を立てて笑いかけてくれたのだった。

正直、ちょっと涙目になるくらいうれしかった。

たぶん、彼は私が極度に怯えているのを見て取って、優しくしてくれたのだろう。

私は、早くも「ベトナムサイコー！」と心中に強く呟きつつ、半分スキップするようにして、むわっと暑い空港の外に出たのだった。

「半分でよかった」事件

空港を出ると、旅行代理店の送迎車が待ってくれていた。

他の2組の夫婦とともに、バンに乗り込んで、ホーチミン市内へ。

真夜中なのに、街は軽い喧噪の中にあった。

交通量もあるし、飲食店は開いているところが多い。

風呂場の椅子のような、プラスチック製の小さな腰掛けに座って、店先や道端で3人、5人と鍋を囲んでいた。

車道沿いの家々はみんな小さく、間口が狭く、アルファベットの看板が継ぎ目ナシにかかっていて、私はそういう光景を、目と口をちいさな子供のようにぽかんと開けたまま、食い入るように見つめていた。

外国だ!!

という言葉が頭の中に渦巻いており、やたらテンションが高くなっていた。

ホテルに着くと、送迎車に乗っていた現地ガイドさんが、チェックインの手続きを全て済ませてくれた。

部屋の番号を聞き、ガイドさんが去って、さて、部屋に上がろうというとき、フロントに「キャッシャー」の文字が目に入った。

そうだ！　両替をしなくては！

思い立った瞬間、心臓がドキドキし始めた。

手持ちのアメリカドルを、ベトナムドンに両替しなければならないのだ。

ベトナムでは、たいていの決済はドルでできる。でも、道端でちょっと水を買ったりするには、1ドルという単位は、大きすぎるのだ。

いくらぐらいにしようか。1万円くらいでいいかな。

当時、1ドルは120円くらいだったが、私の中では「100ドル＝1万円」だった。

私の頭には、細かいレートは通用しない。

そういうふうに丸めないと暗算が不可能になるので、損して得を取る（？）計算スタイルになっている。

財布から100ドルのピン札を出し、心臓が耳からこぼれそうな状態でキャッシャーのカウンターまで行くと、美しいアオザイ姿の女性がくるりとこちらを向いた。

日本のホテルだと、こういうとき、係の人は満面の笑顔をしている。

が、ベトナムでは「人による」。特に女性は、あまり笑顔を作らない傾向があるような気がする。

このときの彼女はまさに「普通の表情」をしていた。

でも、日本の輝かんばかりの営業スマイルに慣れている私の目には、「怒ってる…？　顔」にしか見えなかった。

ただでさえびびっているのに、このカウンターパンチ。

私は怯えのあまりこわばった仏頂面になり、蚊の鳴くような声で

エクスチェンジ、プリーズ

と呟いた。

すると彼女は、壁に掛かったレート表を指差し、あれでいいかという意味のことを英語で言った。

「なんて言ったか復唱できないけど意味だけはわかる現象」

がこのとき、突然発生した。

うんうん、と頷き、手にした100ドル札を手渡した。

私の頭の中では「いちまんえん（敢えてひらがなで書く）」だ。

彼女は少し怪訝そうな顔でそれを受け取り、

「#%&?」

と私に問いかけた。

その手は、手刀のように縦に振られている。

これは、なんだかわからない！　だけどなんか「No」のような気がする！

と思い、とっさに、首を横に振った。

すると、彼女は、ちょっと困ったような顔で大きく頷き、てきぱきと手を動かして、私に膨大な量の札束をくれた。

100ドルが、1,602,400ドンになった。

なんか、人生ゲームでいっぱいもうけたときみたいな気分だ…

と思ったが、口には出さなかった（当たり前）。

この悪夢のような桁数、私には管理不能だ。

大阪の八百屋で「はい、おつり１００万円ね！」と言われたみたいだ。

が、これはジョークではない。


しかし、とにかく、悪夢でもなんでも、両替はできたのだ。

なんだかわからない部分はあったものの、とりあえず、ポケモン、じゃなかった、ベトナムドン・ゲットだぜ！

と心の中で呟き、ドキドキしすぎてちょっと息が切れ気味に肩を上下させながら、エレベーターに乗った。

乗って、階を押して、しばらくして、私の頭の上に電球が出た。

「ああ！『ハーフ?』って言ってたんや！（なぜか関西弁）」

つまり、さっきのキャッシャーの彼女は、「１００ドルでは多いのではないか」と意見してくれたのだ。

ドンに換えるなら、半分の50ドルで充分かもよ、という示唆だったのだ。

この助言の正しさは、帰りになって痛いほどわかった。

物価が、ウソみたいに安いのだ。特に、旅行者は食費とおみやげ代くらいしかかからない。タクシーなど交通機関を使えば幾らかかかるだろうけど、でも、私はなにしろ歩くだけ歩き回っていたので、ドンは特に使わなかったのだ。だから、帰りには、溢れるほどドンが余り、結局、ドルに戻さなければならなかった。交換レートを考えると、相当な損をしている。

バーカ、バカバカ

と自分を指差して嗤ってやりたかった。

部屋に入ると、ウェルカムフルーツがテーブルの上にあった。

リンゴ、バナナ、そして?.?.?

出た！　見たこともないフルーツだ！

ベトナムだ！　ベトナムに来たんだ！

と、小躍りした。ちょっと青くさい香りと、歯が浮くような甘さの、食べたことのない味の果物だった。あとで少し調べたのだが、なんの果物だったのか、ぜんぜんわからなかった。

「道が渡れない」事件

翌日。

私は街角に立ち尽くしていた。

迷子になったわけではない。

金縛りにあったように、動けなかった。

なぜ動けないのか。

それは、「道を渡るきっかけがみつからない」からだ。


ベトナム一の大都市であるホーチミンの人口は増加の一途をたどっており、地下鉄のような公共交通機関はない。

あるのは、車と、バスと、それから、苛烈なまでに夥しいオートバイの群れだ。

オートバイは目視で90％が50cc、制限速度はそれに合わせて、30㎞／h程度となっている。しかし、これだけの台数が密集して流れていく様を見ていると、どんなにゆっくりだったとしても、凄まじい、の一言だ。

たとえば、東京で、山手線と地下鉄を全部止めて乗客全員を地上に出して、みんな50ccに乗せたら…と想像して欲しい。きっとあんな感じになる。

さらに、台数ばかりではなく、1台あたりの人口もすごい。日本では50ccの2人乗りはルール違反だが、ここでは3人乗っているのが普通だ。後ろに奥さん、懐に子供。子供が2人で計4人の場合さえある。

この、恐ろしい数の50ccの大海原に、車がぽつんぽつんと混ざっている。

彼らは、ハデにクラクションを鳴らして「ここに車がいるよー」と知らせる。

すると、バイク達は若干めんどくさそうに「はいよ」とどいてやるのだ。

信号はほとんどない（現在はけっこう整備されている）。

あっても壊れている。

そして、運良く信号のある交差点について、壊れていなかったとしても、青信号の時間が異常に短い。走らないと渡道は不可能なのだ。

ホテルを出て、歩道を数百メートル歩いたところで、私は静止した。

道をわたれない。

クラクションはひっきりなしに空気を威嚇で満たし、流れゆく濃密度の50ccたちは、止まる気配もない。あるわけがない。信号機がない。

途方に暮れて立ち尽くしていると、ふと、1人のおじさんが、私と同じ方向に進むべく、近づいてくる。

しめた！

と私は思った。

このおじさんと一緒に渡ればいいのだ！

しかし、おじさんは一体、どうするのだろう…と思って見ていると、おじさんは、あろうことか、歩く速度もゆうゆうと、この50ccの流れていく急流に入って行くではないか！

このバイクが見えないのか!?　問答無用で轢かれるぞ!!

とおもいきや、そうじゃなかった。

誰も止まらないけど、おじさんは轢かれない。

おじさんはゆっくりゆっくり、アイコンタクトで50cc1台1台によけてもらいながら、着実に歩を進め、向こう側まで当たり前みたいに渡りきったのだ。

……無理。

私は半泣きになった。

こんなものすごい流れの中に、私があんなゆっくりつっこんでいって、生きていられるわけがない。

もうベトナム旅行は終わりだ。

そう思った瞬間、私は、あることに気づいた。

車道は、真ん中で分かれていて、進行方向が手前と向こうで、違うのだ（アタリマエ）。

だから、手前を歩くときは、右だけみていればよく、向こうを歩くときは、左だけ見ていれば良いのだ。

さらに。

じっくり待って、よーく見ていると、途切れないように見えるバイクの群れが一瞬、ふっと途切れる瞬間がある。

この2つを使えば、わたれるかもしれない。

私は、待った。

すると、櫛の歯が折れるように、すっと車群が途切れた部分が近づいてくるのが見えた。

これだ！

私は右だけを凝視しながら、道の真ん中までわたった。

そして、白い線の上で、心を落ち着けて、片側の空白を待った。

かなりしばらくして、それがきた。

バイクが流れ来る上流へ首を曲げ、恐怖で走りそうになる気持ちを抑えて静かに歩き、やがて、対岸にたどりついた。


ガッツポーズ。


ひょっとするとこれが、この旅行の頂点の瞬間だったかもしれない。

「待てば海路の日和あり」ってのはこのことだ！

こうすればなんとかなるぞ。

……しかし、道を渡る度にこれをやるのか。

そう思ったらちょっと血の気が引いたが、気を取り直した。

別に、急いでどこかに行かなければならないワケじゃないのだ。
何時間でもかけて渡ればいいのだ。
ゆっくり、時間をかけて、「待てば海路の日和あり」でいけばいいのだ。

たぶん、本当はいつだって、そういうふうに生きていけばいいのだ。
なんで普段、あんなに飛ばしてるんだろう。
早く渡ろうとして、渡れないと、すぐに諦めて他の道を探してしまう。
そんな生き方じゃない生き方があるんじゃないかなあ。
などと、考えた。

「ネタを求められる」事件

ようやくなんとか道を渡れるようになって、大通りを歩いていると、「シクロ」という、人力車に自転車をつけたタクシーのようなものがたくさん客待ちをしていた。
昔、サイゴンと呼ばれたホーチミンシティの道はシクロだらけだったらしいが、今は観光客が乗るだけで、実用の交通の便としては使われていない。

日本人観光客はとても多いので、自然、運転手はカタコトの日本語で客引きをする。道を歩いているだけで「コンニチワ！」「カワイイ！」などと声をかけられるので、最初はドキドキしてお辞儀したりしていたが、客引きだとわかって厳然と無視するようにした。


しかし突然、「オッパッピー」というトンチキな声が聞こえ、思わず振り向いた。

すると、そのシクロ運転手はすかさず私に笑いかけ「ドンダケ～」と言った。指までアクションしている。発音もカンペキだ。

あまりのことに、ぶっ、と思わず吹いてしまった。

どこのアホが教えたんだ!?

彼はさらに「アタラシイネタ、ナイ？　オシエテ！」とたたみかけてきた。

未知の世界・ベトナムにきてわくわくしてたら、結局オッパッピーかい！　どんだけー！

と言いたいのは私のほうだ！

たぶん、これでかなり乗車率がたかまるのだろう。

しかし、オッパッピーを教えた日本人は「ネタ」という日本語を一体どう説明したのだろう。「ネタ」という概念を英語やベトナム語で説明してわかってもらえるものなのだろうか。それとも、ネタという言葉に似たような概念が、ベトナムにもあるのだろうか…。

観光客目当てのシクロがむごいボりかたをするのは、どのガイドブックにもくり返し書かれている注意事項だ。乗るときはしっかり交渉の上、時間と人数と金額を紙に書かせて乗れ、とのアドバイスに重ねて「でもできれば乗らない方が良い」とダメ押しされるほどなのだ。

私も一度だけ、乗ってみようかな、と思い立ち、通りがかりのベトナム出身の日本国籍の方に助けてもらってまで、しっかり交渉して乗った。なのに、結局最後には「時間延長したので」と、ぼられた。どんなに怒っても払わんと言ってもぜんぜん譲らないのだ。ある意味、すごい精神的技術だと思う。

たぶん、ふっかけない「いい人」もいるのだろう。

でも、ベトナムでは、外国人は基本的に「外国人価格」だ。彼らにはおそらく、罪悪感はカケラもないし、悪意もまた、ない。日本人がぼられて怒るのは、お金を損したこと自体よりも、「バカにされた」と感じるからだと思う。悪意を感じ、疎外感を感じるから、それが怒りに結びつくのだろう。

でも、彼らがボるのは、そういう意味ではないようだ。現に、ずいぶんあとでベトナム人と一緒にタクシーに乗ったのだが、乗るときと支払いのとき、やたら長い時間をかけて交渉をしていた。現地人同士でも、ここは「交渉」が基本なのだ。

ベトナムでは生水は飲めないので、ペットボトルのミネラルウオーターを毎日のように買った。ある日、５００mlの同じメーカーの水を、三つの店で一本ずつ買ったのだが、全部違う値段だった。ホーチミンシティの観光の中心は「ドンコイ通り」と「ベンタイン市場」で、この2つに近い場所は高い。ここから離れるほどに、安くなっていく。

どんどん歩いていると、いくつか似たような、不思議な店を見つけた。

それは、「ギャラリー」だ。

木のパネルにアクリル絵の具とおぼしい画材で描かれた絵が、所狭しと並べてある。

しかしこのアクリルの鮮やかな極彩色の絵をよく見ると、なんか、見たことがあるのだ。知っている絵なのだ。

クリムト、ダリ、ピカソ…つまり、模写である。

それも、いわゆる本物と見分けのつかないような「贋作」ではない。写真をプリントしたような「コピー」でもない。

明らかに誰かがマネして書いたのだ、とわかる、ゆがんだモノマネの絵なのだ。画風を真似るとかそういうことではない。カンペキにパクっている。しかし、本物と見まごうばかり！　とは、お世辞にも言えない。

こんなものは生まれて初めて見た。

特に、クリムトは人気があるらしく、名作「接吻」や「抱擁」などを「マネした絵」はどこの店にもある。

そして店の中で、何人かの「絵師」のような人々が、お風呂の椅子のようなちいさな椅子に座って、絵筆をふるっているのだ。彼らのカンバスの横には、小さな写真や開いた雑誌がおかれていて、それを見ながら、淡々と模写が行われていた。つまりそこで商品が着々と生産されているわけだ。

これは、日本だったら絶対に買い手がつか

本文中の「ギャラリー」。奥で若い男性がせっせと筆を運んでいた。

ないだろう。

しかし、ここではニーズがあるのだ。その証拠に、こうした店が何軒もある。あっけにとられて見つめていたら、接客されそうになったので、慌てて逃げた。

こういうコピーを買う気持ちとは、一体何なのだろう。

憧れなのだろうか。それとも、私たちとは全く違う気持ちで、ベトナムの人々は絵を見るのだろうか。

たとえば、どんな仏像でも、それは仏像だ。美しくても花がもげていても面長でも丸顔でも、私たちは仏様の前で手を合わせる。

ひょっとすると、この「模写」は、そういう感覚に似ているのだろうか？


街に出て20分かそこらで、早くも頭の中をぐるぐるかき回されるような気分になりつつ、最初の目的地にたどり着いた。

ホーチミン市博物館だ。

美しいフレンチコロニアル風の建物に、ベトナム戦争時の写真や遺物などが展示されている。閑散としたチケット売り場で、軍服の係員に笑顔で「カワイイ」と言われて、一気にテンションが上がった。だって、彼が私にカワイイって言っても、別に儲かるわけではないのだ。シクロの客引きが言うのとは意味が違う。ほんとにかわいく見えたんだろう！

だが、もしかして、カワイイっていう言葉の意味をわかっていなかったのかもしれない、と思いなおして冷静になった。


入り口に向かって歩いていくと、まず、クラシックな欧州車とおぼしき車が、豪華な博物館の前庭に展示されているのが見えた。

そして、そのボンネットの上に、ウェディングドレスの花嫁が、のけぞるように横たわって微笑んでいる。

さらに車の屋根の上にはタキシード姿の新郎がねそべっていて、花嫁に手を伸ばしつつ笑いかけている。

両方、本物の人間だ。動いている。

私は、この日四度目くらいの「呆然」状態となった。

よく見れば、少し離れた場所に、本気の機材をならべたカメラマンがいる。

つまり、ここは、きれいな車や建物がある、結婚写真撮影のメッカなのだった。

花嫁さんはとても若くてかわいらしく、陽気で幸せそうだった。

中に入ると、どかーんと豪華なエントランスホールに、大理石とおぼしき階段が二階へとくねっている。そこにも真っ白な西洋風の婚礼衣装に身を包んだカップルとカメラマンの組み合わせが、いろいろなアングルを検討していた。結局、この日はこの場所で、合計三組のカップルに出くわした。どのカップルも、かなり思い切ったポーズをとっていた。立ったり座ったりひっくり返ったり抱き合ったりのけぞったりしていた。それは日本の結婚写真のイメージとは全く違っていて、とにかく陽気で明るく、撮影自体が楽しい遊びだ、という雰囲気に溢れているのだった。

博物館の中で見たもののことはよく思い出せないのだが、帰りに二階から下りようとしたら、やはり幸せそうなカップルが階段の中腹に座り込んで写真撮影を行っていたので、ゆうに2、30分くらい下りられなかったことはいい思い出だ。

私と同じように、彼らへの祝福の思いから優しく待っている観光客が、二階に何組か溜まっていた。

若くて幸せそうなカップルが、博物館を占領している。

ベトナムという国の陽気さや強い喜びがそこにあらわれているようで、待たされても別に何とも思わなかった。

あとで何かで読んだのだが、ベトナムの結婚式は名古屋顔負けに盛大なのだそうだ。写真撮影もとても人気があって、アルバムを作るのが流行っているらしい。国道を通って工業地帯の脇を通ったとき、工場と農地以外は何もないところに、ウェディングドレスを売る店が何軒も出現したのには驚いた。どの店もドレス姿のモデルの写真を大きく掲げているのですぐにわかる。

結婚は、この国の人々にとってとても大きな楽しみであるらしい。

たべもののこと

旅行記と言えば、食べものだ。

人間の生活は「衣・食・住」が基本であり、その中でももっとも体に近い、というか、体の中まで入ってくるというラディカルな体験が「食」だ。

まさに「体」で「実験」、それが「体験」。

私は、海外旅行で武器になりそうなものは何も持っていない。

財力、語学力、美貌、有力者の知り合い、とっさの機転、腕力、魔力、勇気、鈍感力、ｅｔｃ。海外に出たとき役に立ちそうなものは航空券とパスポート以外には、まずこのくらいだと思われるが、私には、ひとつも無い。一切無い。星占いができるけど、言葉が通じなければ意味がない。


が、しかし。

私は、武器、じゃないけれど、かなり強力な防具を一つだけ持っていた。

それは、「お腹」だ。

お腹が美しい、ヘソ出しが似合う、とかそういうことではない。

胃腸が丈夫なのだ。

もともと、痛烈な便秘症なのだが、ついぞ「お腹を壊す」ということがないのだ。お腹を壊したところで、健常者レベルになるだけで、むしろウェルカムなくらいなのだ(危険思想)。

ベトナム旅行をしてみて、それがよくわかった。道端で定食を食べようが、道にしゃがんでいるおばさんからゴムのようなスナックを買って噛もうが、びくともしないのである。

すごい。

最初はそれでも、「もしかしたらたいへんなことになるのでは」と、おっかなびっくり食べていたのだが、最後はまったく気にしなくなっていた。

この丈夫な胃腸のおかげで、私はずいぶん得をしているような気がする。

ベトナムについて初日、ホテルを出たのは9時頃だったが、11時過ぎくらいには、もうお腹が減り始めていた。

なにしろ気温は34度くらいあり、その猛烈な暑気の中を、スクーターの洪水に呑まれまいと極度に緊張しながら歩き続けたのだから、腹も減ろうというものだ。

ベトナムには、食堂がとてもたくさんある。

男女共働きの夫婦が多く、なにしろ毎日こんな暑さなのだからお弁当を持ったりするととてもキケンだからなのだろう。夕食以外はみんな外食をするのだそうだ。クーラーが入ったきれいなお店もたくさんあるが、なによりも多いのが、道端にテーブルやプラスチックの椅子をたくさん置いた、露店の食堂だ。朝には何もなかった単なる路地に鍋釜をひろげて、即席の食堂ができているところもある。前の晩、空港に着いてからホテルまでの車中、窓越しにそうしたオープンで庶民的な光景をみて「絶対ああいうところでしゃがんでごはん食べたい！」と思っていたのだった。

しかし。

実際、そうしたお店に入るのは、ものすごく勇気が要るのだ。

お店の前を通るだけで、お店の人やお客さんが私をじろじろ見ているのである。

ベトナムの人は好奇心が強いのか、すごく「じろじろ見る」ような気がする。

日本人はわりと、眼をそらしたり、見ないふりをしてチラ見したりする傾向があると思うのだが、ベトナムにはそうした遠慮はあまりない。気の小さい私は既にそれだけで充分びびっている。

道を歩いてるだけでそんな状態なのに、現地の人のための、全くの現地の日常の中にあるお店に、見るからに旅行者とわかる自分が入っていったら、…つまみだされるんじゃないだろうか！

そんな恐怖に苛まれ、もういいや、ある程度勝手がわかるケンタッキーとかロッテリアに入ろうかな…などと、ちょっと逃げ腰になった。

だが。

そんな弱気でどうする！

と、頭の中でもう一人の自分が叫んだ。

何しにこんな暑いとこまで来たんだ！　ロッテリアでお茶を濁すためか！　バカめ！　東京でも万年ダイエットのためにファストフードなんかほとんど入らないくせに！　ロッテリアに行きたいなら帰ってから行け！

で、目についた一軒に、意を決して近寄った。

奥行きのない小さな間口で、歩道に横長のテーブルが2、3個出ている。

外に、いくつかのバットに煮物が並んでいる台があり、そこに近づいて中身を見た。お皿にごはんをまず、盛って、その上に好きなおかずをのせてもらえるらしい。

まだお客さんは1、2人で、暇そうにしていたおばさんがすぐ出てきてくれた。ピンクの花柄の上下を着ている。褐色の肌の、素朴な感じのおばさんだった。

私が、「食事してイイですか？」というふうなそぶりを何となく必死で行うと、恰幅のイイおばさんは「うん」とあっさり頷いてくれた。そして、ごはんを皿によそい、「どれにする？」という感じのゼスチュアをした。

そこで私は、さっき一瞬で目をつけた茶色い肉の煮込みのようなものと、一緒に煮てあるゆで卵を指差した。彼女は慣れた手つきでそれをどさどさと盛ってくれて、さらに、何か聞いてきた。

これはまったくわからなかったので、どうしよう、とまごまごしていると、なにか下にある鍋を指差している。

なんかわかんないけどとりあえずイエス！　な気持ちで「うんうん」とうなずくと、お皿に、もさっ！　と、何か緑色のものを盛りつけてくれた。

私はそれを受け取り、道端の適当な席に着いた。

冷や汗とも脂汗ともつかぬ心の汗で全身びっしょりになっていた（それ以前に気温が34度）し、どんだけ全速力で走ったんだお前、という鼓動の早鐘ぶりだったが、気分はスコールの後の青空のように爽快だった。

ベトナムに来て道端で、現地の人の食べるものを食べるんだ！　すごい！　オレ！と興奮し、自分で自分を褒めたくなった。

そして、自分で自分を褒めたくなるときというのは、誰かに勝ったときとか、誰かと比べて自分が優れているときとかじゃないんだ、とわかった。

こういうことが簡単に、心のハードルに邪魔されることなくできる人々がいるのはわかっている。こんなことが怖くて仕方がない自分がオカシイ、ということはわかっている。でも、やっぱり、自分の持って生まれた属性というのはどうしようもない。

自分には無理そうだけど、やりたいこと。

やりたいけれど、できそうもないこと。

そういうことを敢えてムリしてやったときの喜びは、誰にもわからない、完全に自分だけの充足だ。誰にも褒めてもらえなくても、珍しくなくても、ぜんぜん構わないのだ。

テーブルの上に箸立てがあり、白いプラスチックの太く長い箸がぎっしり刺さっている。蠅が一匹遊んでいたが、気にしないで一膳手に取った。箸立てのとなりには、なにか調味料の瓶が置かれている。これがウワサの「ニョク・マム」かな、と思った。何かの本で、ベトナム人はなんにでもこの、独特の匂いのする魚醬をかけるのだ、とあった。日本人がなんにでもとりあえず醬油をかけるのに似ている。

おばさんがもっさりと景気よくのせてくれた緑色のものは、茹でた空心菜だった。濃い緑色で、蔓がふとく、中空になっている。ホウレンソウのような、ツルムラサキのような、そんな様子をしている。

ちょっと口に入れてみると、しゃきしゃきしてやわらかく、おいしい。

ただ、味がついていなかったので、テーブルの上の液体をぐるぐるっと回しかけてみた。薄い茶色がかった透明の液体で、確かにクセのある魚っぽい香りがする。

ワクワクしながら再度、口に入れると、顔が勝手ににっこりするほど、気に入った。

「気に入った」というのは、こういうクセのある香りやつんと来る塩味を、誰もが好きになるとは限らない、という意味だ。

なにかを「オイシイ！」と評するとき、それは、誰にでもおいしいと感じられるだろうな、という意味になる。

でも、「気に入った」というのは、私にとってすばらしい、というだけのことだ。

「美味しい！」というのは「あの人は美人です」というのに似ている。

「気に入った！」というのは「貴方に恋をしています」というのに似ている。

ベトナム料理と言えば生春巻きやフォーなどが有名だ。どちらも粉をすりつぶして練ったものを、シートにしたり麺にしたりしたものだ。生春巻きはさておき、麺は太さや長さでいろんな種類があって、とても好まれている。

でも、道端食堂でそれよりも遥かにポピュラーなのが、この、私が最初に食べた、ごはん（コム）だ。長粒米で、日本のお米のように炊いて出す。この「コム」に、肉とか野菜の煮たものなどをぶっかけて食べる。お米はぱらっとしていて多少歯ごたえがあるが、汁気の多い味の濃い煮物や肉を合わせると、なんともウマイ。ウマイ、としか言いようがない。

この「ウマイ」もやっぱり、あぐらをかくような、突っかけサンダルのような、ちゃんちゃんこのような心地よさだ。恋人に「何か美味しいもの食べに行きましょう」と言うときみたいなしゃっちょこばった感じは一切無い。かっこつけもへったくれもない。懐が深くて慕わしい。

一生懸命汗を流しながら食べていると、足元にオレンジ色に輝く華奢な子猫が寄ってきた。

私の足元をくるくるとまわり、時々顔を見上げてくる。

私は、なんとなく笑って、手を出してみた。

猫はちょっと私の指をなめた。

そのとたん、外国で右も左もわからず、ただ自分の臆病と闘っていた緊張感がふっと抜けて、安堵するような、優しく明るい気持ちになった。

こんな遠いところでも、猫がいて、まつわりついてくるんだ。

外国に来ると、空気も空も建物も人々も何もかも、普段とは変わってしまう。ちょっとしたことがまるで違っている。

でも、こんなふうに、どこに行ってもかわらないものもある。

猫はかわいくて、そっけないのもなつこいのもいて、時々は気まぐれにこうやって、人に優しくしたりする。

それは世界中どこに行ってもたぶんそんなふうで、そんな「かわらないもの」を探すことも、私たちが旅に出る目的の一つなんだろう、と思った。

そういうものを見つけると、こんなふうに、泣きたいような嬉しさを味わえるからだ。

食べ終わって、席を立ち、おばさんに会計をした。

「お会計を」という言い方がわからなかったのだが、おばさんの方を見ながら小さな財布をポケットから出すと、おばさんは阿吽の呼吸で立ち上がった。おばさんは一切英語ができず、数字も通じなかった。金額をベトナム語で言われて、全くわからなかったので、まごまごしていると、おばさんはポケットからざくっと札束を出した。そして「この色のを何枚」と指で示した。

私はその色のお札を言われただけ出した。

びっくりするほど安かった。

店を出てからしばらくして、あの空心菜は茹でた後たぶん、水に晒していただろうな、とか、猫に指をなめられたそのままの手でごはんを食べ続けてたな、とか、氷入りのお茶を出してもらって全部飲んでガリガリ氷をかじったな、とか、ガイドブックに「気をつけましょう」と書かれているようなことばかりしていたことに気づいたが、次の日になっても、なんともなかった。

ガラスのハートに、鋼鉄の胃腸。

なんとなく、雀のボディに鷲の翼が着いているようなアンバランスな自分を見いだした。旅をするにはうってつけの体質（なのかな）なのに、臆病すぎて思い切った冒険ができないのがいかにも勿体ないではないか。

ベトナムにいくということ

私は同じ道を何度も繰り返し歩くのが好きだ。何度も何度も歩いているうち、頭の中に、だんだん周辺の地図ができる。いくつか、熟知している「基地ポイント」を作ることで、街の全体像がイメージしやすくなるのだ。

私は、旅行こそあまりしなかったものの、小さい頃から家の事情でよく引っ越しをした。子供が引っ越しをすると、迷子になりやすい。迷子にならないためには、その辺の地理をできるだけ早く把握しなければならない。私は「知っている道」と「知らない道」を区別することで、それを可能にした。何度も通って「知っている道」を作り、更にくり返し通って、その道が「熟知している道」に変わったとき、そこから伸びる「知らない道」をどんどん探検できるようになる。迷いそうになったらすぐに「知っている道」に戻ればいいのだ。そうやっているうち、頭の中に街全体の地図がなんとなく描かれる。極論すれば、同じ道を１００回通うことで、その周囲全体の地理がアタマに入るのだ。

ベトナムでよく歩いたのは、レタントン通りだ。この周辺には外国人が多く住んでいて、スーパーのようなお店もあり、さらに、どこも英語が通じやすかった。でも、私は、そういう「外国人仕様」の道は、実はあまり好きではないのだ。せっかくその土地に来たのに、その土地の人が行き交う場所に行かないのは、ソンではないか。なのにこの道を足繁く通ったのにはわけがある。

それは、いつでもあいてる小さなカフェのせいだった。

信号のついた十字路の角にあって、中は薄暗く、２つあるドアはいつも開け放たれていて、天井の大きな扇風機がだるそうに回っている。雰囲気はカフェというよりはバーに近い。木の床に木製のテーブル、椅子、窓枠、どれもつやつや黒光りしていて、使い込まれていた。店の隅っこに小さな螺旋階段がついていて、二階がちょっと見える。上の階は宿になっているらしく、ときどき、宿泊客らしき人がそれを降りてきて、食事をしていた。満席のところは見たことがなかったが、いつ行っても誰かが新聞を読んだり話し込んだりしていた。

ベトナムのお店はどこも、ホールスタッフの数が多い、という印象がある。厳密に計算したわけではないので、私の気のせいかもしれないが、客席数に比したウェイターやウェイトレスの数は、日本のそれよりずっと多いように思える。

このカフェも、ウェイトレスは2人で充分だろう、と思える広さの店内に、いつも4人くらいの女の子がいた。みんな小柄で、黒く真っ直ぐな長い髪をしていて、ぴったりしたTシャツにぴったりしたデニムパンツやショートパンツをはいていた。どうも、みんなアルバイトで働いているらしく、毎日入れ替わり立ち替わり、違った女の子がいたが、どの子も、とても陽気でかわいかった。

クーラーもなく、なにか名物があるわけでもないのだけれど、しっとりして静かな、ホーチミン「らしい」店だ、と思った。

ここで何回、サンドイッチを食べたかわからない。ビールと揚げた春巻きを食べて、サンドイッチを食べて、ワインを飲んだ。短い滞在期間、毎晩のようにそれをやった。

薄暗い中でずっと本を読んだ。ぼんやりと窓の外を眺めた。交差点にバイクの流れがせき止められては流れ出す、そのライトのまばゆい光景をずっと見つめていた。生ぬるい風がゆるやかに吹いていて、オレンジ色の暗い光がやわらかく空間を満たしていて、このカフェにいる時間が一番好きだ、と何度か思った。

ベトナム人はカフェが大好きで、ホーチミンシティには本当にたくさんのカフェがある。ガイドブックによれば、あちこちハシゴするような人は嫌われるのだそうだ。ここ、と決めてずっと通うのが暗黙のルールなのだそうだ。そういう意味では私はルールを守った方だと思う。

街中至る所にある、ハイランドコーヒー。日本で言えばドトールとスタバの中間くらいのイメージのカフェ。

あまりに何度も通うので、女の子達はおもしろがって、暇なときは私にいろいろ話しかけてきた。英語のできる子とできない子がいるが、できる子でも英語力は私といい勝負なので、なんとなく安心してしまう。

―どこから来たの？

日本。

―日本なの！　あなたいつも来るね、ずっとここにいるの？

ううん、明日帰るんだ。

―明日帰るの？　残念、もしもっといるなら、私バイクでホーチミンを案内してあげるのに！

本気かどうかわからないけれど、無邪気な笑顔でそう言われると警戒心が薄れる。私が男だったら危ないところだ。何でも言うこと聞いてしまいたくなるだろう。

彼女は名前をマイちゃんというのだった。日本から来た、というと、話の途中でその「日本」が「韓国」とすりかわっていた。

―そうだ、コリアは今、春なんでしょう、コリアの春はきれいなんだってね、それから秋も！

オータム、スプリング、という言葉を、彼女はうーん、と頭の中をかき回すような表情でひねり出した。

そうだよ、すごくきれいなんだ、と言いながら、私は、はっとした。

この子は、日本の秋も春も、それがどんなものか知らないのだ。

ここはずっと夏で、春も秋もないのだ。


同じように何度か通って仲良くなったレストランのウェイターが、自分の月給はだいたい月に100USDちょっとだ、と言っていた。つまり、だいたい1万円くらい。月給1万円ではどんなに頑張っても、日本に旅行なんかできないだろう。この子達は玉の輿に乗ったりうんと頑張って大成功したりしない限り、日本の春や秋を見ることはないのだ。

でも、私はこうして、ここに来て、彼女らの世界を楽しんでいる。

これは一体どういうことなんだろう。

私は目眩を感じた。

私がここに来られるのは、私の力が強いせいじゃない。

ただ偶然、日本という国に生まれて育ったから、ここに来られただけだ。

日本が経済的に成功していて、力を持っていて、その力によって、私はこうして海外に旅行したりできる。

仕事で海外出張をしょっちゅうしている知人に教えてもらったことがある、「日本のパスポートは魔法の手帳なんだ」と。日本のパスポートはあらゆる国で拒否されることがない。

私は、無力なのだ。

自分自身の力などというものは、ほとんど無いのだ。

風に揺れている枯葉みたいに、小さな風にも逆らえずに吹き飛ばされてしまうような存在が、自分というものなのだ。

ベトナム人の名前の多くは、中国語に由来している。

ベトナムと中国は国境を接していて、たくさんの言葉が中国語から来ている。たとえば、ホーチミンシティの道路もすべて、漢字表記できる。音は、日本の漢字の音読みとけっこうつながっている。

人の名前もそうで、マイちゃんは、漢字で書くと「梅ちゃん」なのだ。梅は日本でも「バイ」と読む。紅梅、梅雨前線、などと使う。

でも彼女は、肌を切るような冷たい空気の中に咲き出す梅の花を見たことはないし、たぶん、この先も見ることはないのかもしれないのだ。

クチトンネル

滞在期間のほとんどをホーチミンで過ごしたが、一度だけ街を出た。

ベトナム戦争のことを知りたくて、クチトンネル、という遺跡に行ったのだ。ここはガイド付きでないと入れないため、ガイドさんを頼んだ。

ホンさんという女性で、偶然同じ年齢だった。

彼女は大学で英文科を出た秀才で、日本語もできる。ホン、は「紅」だと教えてくれた。日本語では「コウ」と読むから、ほんとうに微かにだけど、つながっている。彼女は漢字に詳しく、ベトナム語ではこう言う、この言葉は漢字になおすとこうなる、と何度も解説してくれた。先の「マイ」ちゃんの名前も彼女が漢字に翻訳してくれたのだ。

クチトンネルは、ベトナムが戦火の中にあった時代、人々がゲリラ活動のために掘り抜いた長大な地下の要塞だ。ほとんど「地下都市」と呼びたいほど、ゲリラが隠れ、生活し、何より闘うための機能が全てこのトンネルの中にあった。忍耐強くて限りなくタフなベトナム人は、男女を問わずしなやかな体をこのトンネルの中にひそめて、執拗に敵を迎え撃った。戦争末期には、ベトナムの北部からこの南部まで、地上にほとんど出ることなく移動することができたのだというからすごい。

アメリカ人の観光客の団体が、トンネルあとに潜って歓声を上げていた。かつて米兵を絡め取るためにつくられたさまざまなワナを前に集まり、興味津々に見入っていた。彼らにむかって、ベトナム人のガイドが大声を張り上げて笑顔で、ワナやトンネルの説明をしていた。

ベトナム戦争が終わったのは１９７５年で、私が生まれた翌年だ。

アメリカ軍がここで、ベトコン・ゲリラと血みどろの戦いを繰り広げていた時代からまだ、30年ちょっとしか経っていない。

頭の中に、ひどく冷たい風が吹いた。

トンネルを出たり入ったりしておどけるアメリカ人の男の子と、たのしそうにその写真を撮る両親の姿をみながら、人間はどういう生き物なのだろう、と考えた。平和になって良かった！　というような幸せな気持ちにはとてもなれなかった。

現に、この場所も武装した兵士たちによってまもられているのだ。遺跡のそこここに、軍服のスタッフがいて、静かな目で私たちを見守っているのだった。気温は34度くらいあるというのに、心の中に震えがくるような冷たさが消えなかった。

調子づいて、マニラ、ロンドン

酒と涙と男と女

ベトナムに数度足を運んでいるうち、他の国にも行ってみたくなった。

「何度も同じ場所に通った後、そこから少しだけ近い場所に一歩、踏み出してみる」。

これは私の、旅の手法、というより、ほとんど「生き方」というに等しい方法論だ。どんなことでも、なにかをちょっとできるようになると、それを飽きるまでくり返す。

そして、やっと飽き始めたころに一歩だけ、その外の世界に踏み出してみる。

そうすると、だんだん、面白くて仕方がなくなる。


ベトナムの近くには人気スポットがたくさんある。タイ、マレーシア、シンガポール、アンコールワットのあるカンボジア、等々。でも、なぜか私が次なるターゲットとして選んだのは、「フィリピン」だった。

「ベトナムと同じくらい近く、英語が相当通じるらしい」ということの条件が決め手となった。

今度は長期滞在してみたい、と思ったので、思い切って三週間、フィリピンに居座ることに決めた。私としてはちょっとした引っ越しに近い。

いつもの旅行代理店で「マニラに行きたいんですが」と言うと、「マニラですね、…ちょっとお待ち下さい」とお姉さんは言い、奥にひっこんでしばらく出てこなかった。

「?.?.?」と思いながら待っていると、やっと、彼女は2色刷くらいの非常にジミで、非常に薄いパンフレットを持ってきてくれた。そこには、他の2、3の国といっしょに、マニラ行きパッケージツアーのプランがわずかに、並べられていた。

マニラは、旅先として、人気がないらしい。

ま、いい。日本人旅行者があまり行かないのなら、かえってなんとなく気が楽だ。日本人旅行客専門の詐欺師とかもあまりいないだろう。

そんなふうにお気楽に考えて、方針通りホテルと飛行機をとってもらった。

なにしろ3週間も滞在するので、そんなに贅沢はできない。ちょっと安めのホテルを2週間ちょっと、最後の数日だけグレードの高いホテルを予約した。

フライトは夜で、現地には深夜に着く。

ここで、代理店の人が、送迎をどうするか、と聞いてきた。

これはパッケージツアーではないので、送迎はつきません。つけるならガイド付きの車を頼むことになるので、1万円くらいかかりますが、と言われた。

そんなにかかるなら、タクシー拾えばいいかな…と思い、「要らないです」と応えた。


家に帰ってｗｅｂでマニラの情報を少し検索してみた。あの、マニラ旅行のパンフレットが表現していた圧倒的な「人気のなさ」はなんなのか、ちょっと気になったからである。

すると、出てきたのは、フィリピンパブなどで働くフィリピン女性達と、それを取り巻く日本人男性達の、想像を絶する（↑私が世間知らずなだけ、とも言える）ミラクルワールドであった。彼女と彼の出会いから結婚、出産、子育て、相手の家族、離婚、慰謝料にいたるまで、あらゆる情報のデータベースがインターネットに、これでもかとあふれているのだった。

掲示板があり、「フィリピン辞典」があり、用語集があった。相談所があり、回答者がいた。初心者がいて、経験者もいた。日本で働くフィリピン女性とおつきあいをし、深い仲になったとき起こりうる、あらゆるテーマがそこで相談され、実体験に基づいた有意義なアドバイスがなされ、それらの情報が蓄積されていた。

日本人男性達は彼女らを前にして、うっとりし、夢を見て、涙し、ヤキモチを焼き、疑い、苦悩し、彼女の家族を思いやり、諦め、受け入れ、お金を払い、愛し、恨み、憐れみ、次こそはと思ったり、悟りを開いたりする。あらゆるワナを乗り越えて、ちゃんと深く愛し合い、人生に満足している人たちもある。

口説くためのタガログ語から、彼女らの嘘やゴマカシを見破る方法まで、実に詳細に、まるで釣りや競馬の世界のように、情報交換がなされているのだった。

なんというドラマの数々だろう。いい大人の男達が、匿名で赤裸々に語り涙する愛の相談掲示板の前で、私はしばらく我を忘れた。

パソコンを閉じたあと、ちょっとした長編小説を読んだあとのような気分に襲われた。

が、そこで心に響いたのは、男と女の熱く悲しいドラマばかりではなかった。

彼らはフィリピン女性に恋をすると、多くが、紆余曲折の末にフィリピンを訪れることとなる。

そこで、必ず、マニラの治安の悪さが指摘されるのだ。

夜は絶対に外に出られない。銃を持った暴れ者達がうろついているからだ。殺人事件は日常茶飯事で、日本人はお金を持っているので狙われやすい。旅先として人気がナイのは、流行らないからじゃない。危険なのだ。

でも、日本人が少ないかというと、まったくそんなことはない。フィリピンは物価が安く、そして、優しい女性達がいる。日本人男性にとって、フィリピンは大人気の旅先なのだ（と、行ってみてしみじみわかった）。


マニラは、治安が悪いのだ。

そんな場所にシロウトで丸腰の私が三週間も滞在して大丈夫だろうか。

ネットで情報を集めていくうちにだんだん「やめようかな…」という気分になってきた。

しかし、ここで引き下がるのも、なんだか悔しい。

そこで、私は立ち上がり、旅行代理店に電話をして「やっぱり、空港への出迎えお願いします」と、そこだけ固めることにして、フィリピン旅行を決行した。

「死」の刻印

私が滞在したのはマニラだけだ。

1度だけ地方にでかけたが、あとは例によって、ずっと街の中をうろついていた。

フィリピンの英雄ホセ・リサールという人は、日本で言えば、西郷隆盛とか、まあそんな感じなのだろう。国民にあまねく崇拝されている独立の象徴で、ヒーローだ。

彼は軍に銃殺されたのだが、なんと、その「銃殺シーン」が公園に、銅像で再現されていた。

ホセ・リサールの像は、銃を構えたたくさんの兵士の前に背を向けて立っている。背をのけぞらせ、あきらめのようなものを湛えた顔を、苦痛にゆがめている。

その背中の中心には、破れたような丸い銃創がうがたれていて、彼の帽子は衝撃で地に落ちていく。

毎週、その場所では「劇」が行われる。銅像たちはすべて役者であり、彼が銃殺されるに至った物語を演じるのである。物語の最後は、銃殺刑でしめくくられる。

処刑を合図するナレーションのもと、大きな銃声とともに、ホセ・リサール像の背中に炎が現れ、煙がたちのぼるのだ（！）。

それを「観劇」している子供達は、白いブラウスに、鮮やかな緑色や空色をしたブカブカのスカートやズボンをはいている。彼らは銃殺シーンを見て無邪気に興奮し、楽しい遠足の気分の中ではしゃぐ。この銃殺シーンは、残酷な刑罰としてではなく、人民の独立の誇りとして説明され、彼らの心に刻まれるのだろう。

地元の人が「ルネタ・パーク」と呼ぶ、非常に大きな公園には、ホセ・リサールの彫像が塔の上にたかだかと立っており、銃を持った2人の兵士が像の前で端然と警備をおこなっている。この塔の下に、彼の亡骸が眠っている。

スペイン占領時代の旧市街「イントラムロス」は古い石造りのヨーロッパの街並みそのままの場所で、不思議なトリップ感につつまれた。

イントラムロスの奥には「ホセ・リサール記念館」というミュージアムがあって、私はそこに2、3度訪れた。ホセ・リサールは医師であり革命家であるとともに、作家でもあったので、さまざまな文献や詩、小説などが残されているのだ。

この記念館では、彼の絶筆が壁や床板、レリーフなどに、とても象徴的に刻み込まれていて、私はそれを読みたくて、本を開くように何度もこの場所に行った。無料で入れるのだが、相当強引な雰囲気で寄付を要求される。それでも、金額は「心任せ」だ。

マニラの人々は、とても人なつこい。

エントランス付近に、かならず警備員がいて、何度か通ううちにすこし、話をした。

日本から来た、と言うと、彼は「この記念館の二階には、日本人女性の絵がある」と教えてくれた。

ホセ・リサールは日本に行ったとき、日本人女性と恋をしたのだ。

彼女の肖像画が二階にかかっている、日比

ホセ・リサールの銃殺シーンの像。実物大よりたぶん1.5倍くらい大きい。

谷公園って知ってる？　と聞かれた。

意外なところで最も意外な人から「日比谷公園」の名前を聞いたのでびっくりして、うんうんとうなづくと、

「そこにも彼女のモニュメントがあるそうだよ、彼女はオセイサンというんだ」

と彼は言った。彼女の名前は「オセイサン」だと、何度も教えてくれた。

肖像画の「おせいさん」はうつくしい人だった。ホセ・リサールが日本を訪れたとき、通訳をした賢い女性だった。和服を着た彼女の絵を見た。聡明な強さがそこに現れているような気がした。出会い、別れる。運命は小舟を揺さぶる大海の波のようだけれど、彼女や彼は、それを引き受けて立ち向かっていったのだ。

警備員の彼とは、行くたびに言葉を交わした。

仕事は何か、年は幾つか、一人で来てるのか、といろんなことを聞かれた。特に、彼に限らず「一人で来た」と言うと、みんなすごく驚いて、口を揃えて「ユー・アー・ブレイヴ！（君は勇敢だね！）」と言う。「そんなにあぶないの？」と聞くと、みんなちょっと考えてから、

「夜は一人で出歩いちゃダメだよ、ホールド・アップがいっぱいだからね」と口を揃える。タクシーにのると運転手は必ず、神経質にドアをロックしろと言う。ロックがはずれていると、停車した拍子に襲われるかもしれないからだ。流しのタクシーには悪質なのが多いからホテルで呼んでもらったほうがいいよ、僕は大丈夫だけどね、と、拾った流しのタクシーの運転手に笑顔で、説教された。

フィリピンの国際空港の正式名称は「ニノイ・アキノ国際空港」だ。

かつては「マニラ国際空港」だったのだが、ここでニノイ・アキノ氏（アキノ元大統領の夫）が暗殺されたために、改名された。

フィリピンはカトリック信仰が強い。カトリックは、基本的に、遺骸を焼かない。「復活」の思想があるためなのか、亡骸をそのまま身近に置いておこうとする。あの、マルコス大統領の亡骸は、彼の故郷に永久保存されていて、見学することもできる（私はその建物までは行ったのだが、時間が早すぎて中に入れなかった）。

街のそこここに、むきだしに「死」がある。

「死」をこのように強く意識し続ける場所、というのを、私は他に知らない。

「モテ期」到来

自慢ではないが、私は生まれ故郷・日本で「モテた」ことはただの一度もない。ごく客観的に考えて、この現象は不当なものではないと思う。モテるような条件、つまり、容貌の美しさやスタイルの良さ、色気、女性らしいしとやかさや愛嬌のあるそぶりなど、男性が評価したくなるであろうようなものが一切、私にはナイからだ。だからモテないことを悲しいと思ったことはあっても、恨みに思ったことは一度もない。

しかし突然、私にも「モテ期」がおとずれた。

そう……私はマニラで、生まれて初めて「ナンパ」されたのだ。

それも4度も！

何度もナンパされるということは、すなわち、「モテた」と言っていいのではないだろうか！　これはもちろん、他の女性と比較して、の話ではない。

絶対的な現象として、複数の男性から立て続けに言い寄られたら、それは「モテた」と言っていいような気がする。異論もあるかもしれないが、とにかく自分で思うだけなら勝手なのだから、許してもらいたい。

フィリピン人男性は総じてとてもフレンドリーで、道を歩けば必ず「ハロー、マダム」と声をかけられる。この、対人接触のハードルの低さが、ナンパ率を上げているのだろう。

マニラ滞在中、私は毎日のように、マニラ湾を望む海岸通りを散歩した。

数キロにわたる、背の高い並木の植えられた美しい遊歩道で、ここにはいつも、バイクを止めて一休みしている人や、集団になって自転車に乗ったり走ったりしている人や、遊びに来ている家族連れや、アイスクリーム売り、ピーナッツ売りなど、人の行き来が絶えない。

お世辞にもきれいな水質とは言い難い海に、着古して何とも言えない灰色に染まった下着を着た子供たちが、夢中になって楽しそうに魚や貝を捕っている。

これは遊びではなく、本気の「漁」だ。

その証拠に、海辺で大きなかごやバケツを手にした兄弟や母親とおぼしき人たちが、小魚やエビをじっと待っている。

美々しい表通りから一歩裏に入るだけで、小鳥がいろんながらくたを集めて組み上げた巣のような貧しい住宅街となる。彼らはそうした小さな、長屋のような場所に住んでいる。

この通りを歩いているときが一番、「声をかけられる」率が高い。

なにしろ、海辺でくつろいでいるという退屈な時間だから、なにか奇妙なものを見かければすぐに反応したくなるのだろう。

「ハロー」の他に「アンニョンハセヨー」「ニーハウ」もしばしば、かかる呼び声だ。

聞けば、英語を勉強しに留学しに来ている韓国人がたくさんいるのだそうだ。

そんな中からさらに、「どこから来たのか」とか「どこに行くのか」など、きいてくる人もいる。

「ナイスシューズだね」とか「帽子がかわいいね」とかほめてくる人もいる。

これに会釈など返そうものなら、なんと、その人は、私の後をついてきてしまうのである！

私に「ついてきて」しまったのは、50がらみのおじさんだった。

つやつやの赤銅色に日焼けした、たくましい筋肉を持つおじさんで、自転車を押していた。その自転車がまたユニークで、茶色と白の縞模様に塗られていた。

自分でペンキを塗ったということがありありとわかる、おおざっぱな塗り方だったが、そのせいもあってか、生き物のようにユーモラスで、私は思わず笑ってしまったのだ。

それ自分で塗ったんですか？　と訊いてしまい、そこから、おじさんのナンパが始まった。

おじさんは、プレド、という名前で、「エクササイズをしてたんだ」と、鉄の大きなボルトを2つ、軽そうに持ち上げて見せてくれた。

そこから二人ともとても単純な英語で、会話が始まった。

「君はチャイニーズ？」

「ノー」

「コリアン？」

「ノー」

「台湾？」

「ノー」

「ねえ、どこから来たの？」

「日本」

「日本、そうか、だから美人なんだね、色が白くてさ！　日本の女の子は美人だよ！　日本は行ったことあるんだ、僕は昔、タンカーに乗ってクレーンの操作してたんだ、サウジとか、石油の出る国から他の国に行くんだ、台湾、シンガポール、上海、日本、どこでもいったよ、世界中をタンカーで回ったんだ」

彼はお日様みたいな笑顔で、そう言った。

私たちは抜けるように真っ青な空の下、海を横に眺めながら一緒に散歩をしているような格好になった。

「君はいくつなの？　34？　ええ！　25歳くらいにしか見えないよ」

と、心からお世辞を言ってくれる。

「僕はもう50歳だけどぜんぜん若いやつにはまけないんだ、こうやってエクササイズしてるからね」

と彼は言って、意気揚々と、上腕の筋肉を盛り上げて見せた。

あまりにも燦々と明るく、オープンで、なんのためらいも戸惑いもわざとらしさもないので、私はなんだかいい気分になってしまった。

もちろん、知らない人から声をかけられて、信用しているわけではないけれど、なにしろひとりぼっちの旅行で、毎日会話する相手もほとんどなく、自覚していなくても、すごく孤独だったのだろう。それが、こんなぴかぴかの太陽のような笑顔の男性に優しくされたら、やっぱり、参ってしまう。

確かに彼は50歳の小柄なおじさんだけど、鉄のボルトで体を鍛えていて、目は明るく輝いていて、自信満々で、話し方は明るく優しく、茶色と白のしましまの自転車に乗っていて、それがめちゃくちゃキュートなのだった。

日本の男性にこんな完璧なナンパができるのだろうか、と、一瞬、フィリピン女性がうらやましくなった。もとい、もしかしたら日本には日本で、もっと別のワザがあるのかもしれない。そこは保留しておこう。

でも、このプレドのナンパは、ナンパ初体験としては、最高に楽しかった。

彼は自分の身の上をちょっと話した。

「僕は以前、奥さんがいたけどずいぶん前に別れたんだ」

と彼は説明した。ディボース、と言いながら両手の人差し指を立ててくっつけて、それを左右に離す、という仕草をした。別れたんだ、ということを強調したかったのかもしれない。

「元の奥さんは再婚して、今は台湾にいるんだ、連絡はもう全然取ってないよ。息子が二人いるんだけど、田舎で義理の兄弟が子供の面倒を見てくれていて、だから自分はマニラに一人で住んでるんだ」

寂しそうでもないし、どうでもいいような感じでもない、彼は不思議なトーンでこの話をした。淡々と自分が来た道のりを、ごく簡単に話しているのだが、そこに、語られていない情愛のようなものがあって、私は彼の目をちょっと見た。大きな、茶色の、海のように潤んだ優しい目をしていた。

「君は一人で来たの？」

「そう、一人で来たの」

「ブレイブ（勇敢）だね！」

「そんなに危ないと思う？」

と聞き返すと、やはり例にもれず、ちょっと考えて、

「夜は出歩いちゃダメだよ、ホールドアップ、になるからね」

と、ちょっと怖い顔を作って説教してくれた。

その後、ランチに誘われそうになったのだが、仕事があるからホテルに帰らなくちゃ、とくり返して、放免してもらった。

別れ際に彼は、お財布の中に大事にしまってあった、小さな、チョコレートかキャンディの包み紙のような紙片を出して、その白い側に、名前と電話番号を書いてくれた。こっちにいるあいだ、何かあったら必ず連絡してね。またマニラに来たら会おう、と。

私は、その金色の紙を受け取って、ありがとう、と言った。

ある日乗ったタクシードライバーもそんな感じだった。

おばさんがドバイにつとめていて、奥さんと子供は車で4、5時間もかかる田舎に住んでいる。彼は車のダッシュボードから小さな写真を取りだして見せてくれた。かわいらしい、少女のような丸顔の奥さんが、くるくる巻き毛のかわいい赤ん坊を抱いていた。

彼らは離ればなれに住みながら、送金で生活を成り立たせる。

ナンパしてきたプレドも、タクシードライバーのアントニオも、みんな遠くにいる家族を思って生活しているようだった。

海辺の道をまっすぐに歩いていくと、アメリカ領事館に突き当たる。

平日昼間ともなれば、ビザを申請する長い長い長い列が、歩道の方まであふれている。

生活、遠くに住む人、情愛。

マニラの道ばたで買った新聞には、マニラに住む貧困層への「給付金政策」が決定した、と書かれていた。貧しい人は、役所に申し出れば、一人７００円ほどの現金がもらえるらしい。その記事の中で「『貧困』とは一日1ドル以下で暮らさなければならない状態」だと記されていた。

その時点で、一ドルは90円程度だった。

プレドやアントニオの明るい笑顔の奥には、透明な諦めのようなものが沈殿していた。


和風居酒屋で一杯飲んでいたら、50がらみの男性に、英語で声をかけられた。

日本から来たというと、相手は「なんだ、日本人か!」と日本語になった。

彼も日本人だったのだ。

私を韓国人の女の子だと思い、ナンパしようとしたらしい。

「こないだも日本人の女の子がきたよ、彼女はセブに行ったらしい、セブはいいとこだよ、行った？」

と聞かれた。

サーフィンに行く人々が、マニラにちょっと寄ることは、よくあるらしい。

ひとしきり雑談したあと、「カラオケ行かない？」と言われたが、もちろん、行かなかった。「知らない人についていってはいけません」と、ちっちゃいころから教わっているのだ。

仲間はずれは、だれか

ベトナム、ホーチミンで知り合ったガイドのホンさん（彼女の名前は漢字で書けば「紅」さんだ）は、

「お客さんは主に、日本人、オーストラリア人、アメリカ人などですが、やはり日本人が一番自分たちに近いな、似てるな、という感じがします」

と言っていた。

見た目もさることながら、価値観や態度、物事への感じ方が似ていると思う、と彼女は説

明した。

そのように、「似ている」国でも、「違い」はたくさんある。

まず、車道の横断にしてからがそうだ。

初めてホーチミンについて初めてホテルを出たとき、最初に私の前に立ちはだかった障壁は「渡れない道」だった。

しましまの横断歩道も信号も満足になく、ときたま遭遇して狂喜した信号が壊れていて赤にも青にもならないことすらあった。

人々は信号機の有無など意識することなく、文字通り、少しだけ急な深い川をゆっくり横切って渡るようにして、渡っていく。あの、バイクの大海原を冷静に、ゆっくりと進んでいく様は、悟りを開いた修行僧の境地を感じさせる。

フィリピンでも事情は同じだった。

さすがに、非常に大きな幹線道路には信号があるのだが、その信号の「歩行者、ゴー」の時間がやたらに短い。本当に短い。信号が赤の段階からじっと待っていて、青になった瞬間に小走りにスタートしないと、青のウチに渡りきれない、それほど、短い。

これはたぶん、アジア人の鷹揚なところなのだろう、と私は考えた。

日本人は「ルールだからきちんとまもる」という感覚で、青信号を選んできちんと渡ろうとする。そのルールを破るときは、どんなに剛胆な人でも、心の奥底にちらっと罪悪感が走る。だから、注意されると逆ギレする。（本当に悪くないと思っている人は、注意されてもキレないのだ。）

だけど、鷹揚で現実的でアバウトなアジアの人々は、交通ルールだから守る、とかじゃなくて、すべて現場の運用で、渡れるときに渡れるように渡ればそれでいい、なのだ。交通量を量って、歩行者の量から勘案して、信号機のタイミングを自動的に設定して、赤信号で渡る子供は叱り倒して……などという丁寧なことはしないのだ。

そして、この感覚は、ホーチミンでもマニラでもその他アジアの各国でも、共有されているのだ。

私はそう考えた。

しかし。

昨年、私はロンドンに行った。

そこで、衝撃の光景を発見した。

次ページ隅っこの写真を見て頂こう。

「Look left（左を見ろ）」「Look right（右を見ろ）」「Look bothways（左右両方見ろ）」の表記。

手書き感マンマンの、丁寧な文字が、地面、アスファルトに白々と描かれている。

まるでポリスマンの肉声が語りかけてくるような生々しさだ。

ロンドンはさすがに、大都市中の大都市だけあって、歩行者が横断するための信号機はたくさんついている。が、そのほぼ全てが「ボタン式（渡りたいときに押す）」で、さらに、青の時間は「一人分」。押した人が待ち構えていてどうにか渡りきれる、という程の時間しか、青でいてくれない。

さらに、前述の「右見ろ」「左見ろ」の表記は、歩行者用信号のある場所にも、あかあかと（というか白々と）書かれているのである。

ほんとにひつこく、歩道が切れて車道に当たるたびに、この命令文が大書きしてあるのである。

これはどういうことなのか。

つまり、基本的には、車が来る方向（つまり、そのとき直面している車線の進行方向）を気にしつつ、車が来なければ渡っていいのだ。自分で左（または右）を確認し、「よし」と思えたら、そこで自己責任において、車道に踏み出していっていいのだ。

でも、ちょっと車が多くて、あるいは自分でも自信がなくて、車の方に止まって欲しいな、と思ったときは、ボタン式の信号を押すのだ。そして待っていれば、車は止まってくれるので、そこで安心して渡ればよいのだ。

これは、日本とは、根本的に思想が違う。

日本では「青信号じゃないと渡っちゃダメ」なのだ。

信号が無くても、横断歩道を渡れば、ルールに違反して無くて安全、なのだ。

イギリスの、歩道と車道の結節点に白く記された「右を見ろ」の表記。ほぼ全ての歩道の切れ目にこれが書かれている。

しかし、イギリスはそうじゃないのだ。

「基本的にどこだって渡って良いんだけど、それには車も人もお互いにメイワクになってはいけないから、ちゃんと目視しようね、確認しようね」なのだ。「自信がないときは、信号を押せば、車はちょっと止まってくれるよ」なのだ。

つまり、信号はルールであってルールではない、補助的なシロモノなのだ。


日本の信号機とは感覚が違うのだ。日本は「信号が青だから行く」「赤だから待つ」のだ。ロンドンでは「待つタイミングを信号が便宜的にさばいてくれている」のだ。

起こっていることは見た目の上では変わらないけれど、そのナカミは大きく違っている。たとえば、車が来なくても赤信号なら渡らない、という態度は、日本では美徳である。幼稚園や小学校の頃から、私たちはそれを「素晴らしく道徳的な行動」として叩き込まれすり込まれている。ほとんど宗教のように、それを功徳だと思っている。

でも、道路に「Look left（左を見ろ）」「Look right（右を見ろ）」「Look bothways（左右両方見ろ）」だのと書き、歩行者用信号で自動的に動く者はほとんど設置されていない（と感じられる）ロンドンでは、「車が来なくても赤信号なら渡らない」のは、単なるアホで、意味不明の行為なのである。

そうだったのか！ と膝を打つ思いだった。

というのは、この思想がつまり、マニラやホーチミンの「信号どうでもいい、車道はそのままわたっちゃえ」に繋がっているのか！ という発見だった。

「ロンドンも、マニラも、ホーチミンもそう」なのだ。

私は、マニラとホーチミンが東京と違うんだ、と思っていた。

かの土地はアジアで、熱くて、みんなおおらかで、鷹揚で、アイコンタクトの世界だから、信号とかルールとかがアバウトで、適当なんだ、と思っていた。しかし、そうではなく、もともと、歩行者用の交通ルールの思想が根本から異なっていて、さらにそれは、もしかすると、ほとんどグローバルスタンダードなのかもしれない、ということだった。

歩行者用の信号のボタン。赤信号は「待て」青信号は「気をつけて渡れ」と書かれている。

ロンドンは、言わずとしれた、歴史的「世界都市」である。

一時は世界征服をした、と言ってもいいほど、およそ世界中のありとあらゆる国に影響を及ぼした都市である。だいたい、その国の言葉が世界の共通語のようになっているくらいの国なのだ。

その国のスタンダードが、アジア諸国（といっても私が見たのはマニラとホーチミンだけなんだけど）に浸透しているとするならば、我々日本人がむしろ「例外」ということにならないだろうか。


最近、知人が腹を立てながら、都心のビジネスマンの道徳心がオカシイ、と論じていた。彼は、素敵なスーツを着て、高そうな靴とカバンと時計のビジネスマンが、平然と信号無視をするのはいかがなものか、と怒るのである。

彼の日本人としての憤激はよくわかる。私も子供の頃から「赤信号で止まるのは美徳」とすり込まれ、そうした自己犠牲的態度のすばらしさを心に刻み込まれている。

しかし。

世界の大都市・ロンドンでの「Look left（左を見ろ）」「Look right（右を見ろ）」「Look

bothways（左右両方見ろ）」、そしてホーチミンとマニラに移植されたその「自己責任の精神」を垣間見てしまった今では、果たして絶対的道徳とは何か、について、考えざるを得ない。

その赤信号無視したビジネスマンはおそらく、長きにわたる海外出張の帰りなのかもしれないわけだ。だとするなら、車が来てない道でぼーっと待ってるのは「アホ」な感じがしたのかもしれない。

車の来ない道を自ら渡る意志がない人間どもが「主体性のない、依存的で無気力な人々」に見えるのかもしれない。

他にも、「日本だけ違うぞ！」と気がついたのは、「コーヒーとポテトチップスの売り方」だ。マニラやホーチミンでは、インスタントコーヒーを1杯分ずつ小分けにしたスティック状の袋がたくさん売られていた。それらは、「all - in - one（ミルクと砂糖とコーヒー全部入り）」「all - in - one + milk × 3plus !（ミルクと砂糖とコーヒー全部入ってさらにミルクが三倍！）」などのように表記されていた。これが、割と大きめのラックに、砂糖やミルク、他のフレーバーなど多様なラインナップで、ばーっと並んでいるのだった。あまりにたくさんの量と種類があるので「こっちの人はコーヒーがすごく好きなんだなあ」と思っていたら、ロンドンのコンビニやスーパーでもやはり、そのようなラックが備えられていた。

ポテトチップスもそのとおりで、日本で一般的に売られているポテトチップスの袋の半分以下のサイズの小さな袋に、日本よりもずっとたくさんの種類のチップスが、ドカーンと売られている。この「多メーカー、多フレーバー、小袋入り」のスタイルもまた、ロンドンで普通に目にする光景なのだった。

思うに、日本の緑茶文化に相当するのが、欧米のコーヒー、紅茶文化なわけであって、さらに、近代化の過程において「紅茶の茶葉が開くのを待つ」「出がらしを処理する」ことの煩わしさや手間を考えると、スティックのインスタントコーヒーは日本の「おーいお茶」「生茶」「伊右衛門」のような生活密着度をもっているのかもしれない、となんとなく、想像した。


今まで、「日本とアジア諸国の違い」と感じていたことが、ロンドンに行った瞬間、一転して「世界と日本の違い」になったような気がした。

というわけで、今気になっているのは、ドイツという国の事情である。

日本は明治維新以降、各種ルールを作るとき、ドイツ（当時はプロイセン、プロシア、とか呼ばれた）をお手本にした、と歴史で習った。

であるならば、ひょっとすると、このロンドンとマニラ、ホーチミンで韻を踏む事実は、ドイツでは見いだされないのではないだろうか。

彼の地で、日本の精神と通底するものを発見できたなら、たぶん、知らない星で故郷の花を見つけたような、深い安堵感を感じられるかもしれない。人間は「未知なるもの」の中に自らの「内なるもの」を発見したときはいつも、心の底から感動する、不思議な生き物なのである。

フィリピンでたべたもの

旅行記と言えば、食べものである。

私はいわゆる「グルメ」ではないし、なにしろ臆病なので、レストランに入るのも買い食いするのも一苦労だ。だから、一食一食がいちいち「大冒険」で、精神的にひどく消耗する。でも肉体的には順調に肥えているから不思議だ。

フィリピンに滞在した期間は3週間ほどとかなり長かったので、いろんなものを食べた、はず…なのである。

だが、アメリカの植民地だった歴史があり、適当にアメリカナイズされた日本の食生活とフィリピンのそれとのあいだに、あまり大きな隔たりを感じなかったのも事実だ。

だいたい、セブンイレブンがある。am/pmがある。マクドナルドもピザハットもウェンディーズもある。

先日、日本からウェンディーズが撤退することになり、閉店間際のウェンディーズから肉がなくなるほど多くの人に惜しまれたわけだが、私個人の感想は「フィリピンに行けば食えるじゃん」というものだった。

どうも、一度行った場所には、私の「体感距離」は極端に短くなるらしい。一方、行ったことのない場所については、栃木県でも心理的にものすごく距離が遠い。

フィリピンの主食は、米だ。いわゆる「長粒米」で、ぱらぱらしているやつだが、ぎとぎと暑いあの気温ではそれが合っていた。食べ方は、日本と同じように白いまま炊いて食べる。「スチームド・ライス」と呼ばれる。スチームと言えば「蒸す」だから、もしかしたら蒸してるのかもしれないけど、正確な調理法はよくわからない。出てきたところは「炊いた白いごはん」だ。

で、おかずは、ほぼ「肉」である。シーフードもそれなりに食べるようだったけど、とにかく豚肉、鶏肉が多かった。調理法は、揚げる、炒める、煮る、どれもありだが、特に揚げるのが多い。「揚げた肉とごはん」が、一番ポピュラーなメニューらしかった。

フィリピンは大家族主義だ。「介護サービス」という概念がなく、「老後の不安」という言葉が意味を成さないほど、老人を家族全員で大事にする。で、行動単位も「家族」が基本だ。親子全員で団体行動が普通なのである。こういう単位でぞろぞろ動くのは、日本では冠婚葬祭や墓参りくらいしかないと思う。フィリピンでは、若い子供や孫が、老人を大事に大事に、宝物のように扱っている姿をほんとうによく見かけた。

そんなわけで、ファミリーレストランはもとより、レストランらしいレストランでは「一人前」がとても肩身が狭い。メインは「みんなでシェアする大皿料理」で、2〜3人前が普通なのだ。もちろん、ランチプレートなんかは「1人前」だけど、どうも、日本より量が多い気がする。

フィリピン女性は、若い子達はみんなきゅっと腰が引き締まってすらりとした足をしていて、どちらかというと「華奢」なのだが、一定の年齢を超えると「どーん」と膨らむらしい。「揚げ物＋米」という最強メニューが定番なのだから、それも仕方がない。

甘いものも大人気らしく、菓子パンなどもこってりと砂糖やアイシング、クリームなどがかかっており、さらにそれが日本の倍くらい大きなサイズで売られている。

そんな食生活のためか、デパートに行くと、服の売り場にマネキンが数サイズあるのだ。日本のマネキンはモデル体型のものしかみかけない（デパートの「大きいサイズ」コーナーとか特殊な場所に行けば違うが）。でも、フィリピンではちゃんと「大きな女性のマネキン」がどしーんとあって、それにばしっとブラジャーやボディースーツやふつうのTシャツなどが着せられているのだ。「1サイズ展開」なんて狭量なことは言わないのだ。なんでもいっぱいサイズがあるのだ。

私のように生まれつき足太くケツでかい女子にとって、これはなんというバリアフリーな国だろう…と、そのユニバーサルデザインぶりに心を洗われる気がした。

と、話が完全に脱線した。

たべものだ。

料理の味付けはだいたい、甘辛い。

日本の「醤油＋砂糖」の鉄板調味に似てるのだが、甘さがかなり勝っている。

私の最初の「フィリピン甘辛体験」は最初に泊まった中級くらいのホテルの朝ご飯だったが、味よりもまずその色がすごかった。

ショッキングピンク（！）の豚肉が出てきたのだ。

炒めた感じになっており、白いごはんと一緒にならんでいる。

ブッフェスタイルだったので、一瞬、食べようかどうしようか躊躇したのだが、これも話のタネ、と思い切って皿に盛りつけた。


おそるおそる口に入れてみると…甘辛お肉だ。

ごはんと一緒に食べると、「超ウマイ！」と叫びたくなるほど懐かしい味。

そぼろごはんのような味、子供の頃から慣れ親しんだ、あの甘辛味なのだ。

ただ、見かけはどう見ても「ピンクのジェリービーンズ色」だ。

恐ろしくて写真も撮りそびれるほど（うそです、そのときたまたまカメラを持っていなかっただけです）の、ポップな色をしていた。

あれはいったい、なにでついた色だったのだろう。


ここですっかり「フィリピンの甘辛味」に懐いてしまった私は、見かけが若干アレな感じでもとりあえず口に入れてしまえという勇気を手に入れた。

で、たいがい、その思いは裏切られることがなかった。

フィリピン人の味覚は、かなり大雑把だけれど、それほど行きすぎていなくて「ＯＫ」だ、というのが総合的な感想だ。


繰り返し食べたものとしては、「大型肉まん」が挙げられる。

これは、マニラの至る所にあるコンビニで売られている。

日本では肉まんのスチーマーがあるのは冬だけ(最近は夏でも置くようになったらしいが)だが、フィリピンは1年中夏だというのに、でかい肉まん保温機みたいなのが店内に3つくらいもどかんどかんと据えられている。

その中に、日本の肉まんの倍はあるサイズの、どでーんとしたまっしろな饅頭がひしめきあっているのである。

日本では、店員さんが肉まんを出してくれるが、フィリピンではセルフサービスで、でかいトングで肉まんを取り出し、そばにある四角い袋に自分で入れる。

味もいろいろあって、ヘソ饅頭のように、巨大肉まんの天辺に、ピンクや緑の「ぽっち」が描かれている。その色で、ナカミの違いが区別できるのだ。


最初の頃は、ホテルの朝食を楽しんでいたが、2つめのホテルの朝食はコンチネンタル・ブレックファーストと中華料理の朝食だったので、「これではつまらん」と思い、（もともと朝食付きプランじゃなかったこともあって）朝もはよから食料調達に出かけることになった。

7時頃にホテルを出て、裏手の通りを歩くと、そこにはベニヤ板などで適当に作られた屋台があり、たくさんの出勤途中の人々がおかゆをすすっていた。

この屋台は、昼にはきれいに消えてしまう。朝だけ出現するのだ。

で、それを通り越して少しいくと、道端に座り込む新聞売りのおじさんが座っている。

小銭があればそこで新聞を買い（英語のがいっぱいある）、その隣のセブンイレブンに入る。

セブンイレブンの中の様子は、日本とは雰囲気はちょっと違うけど、ちゃんとしたコンビニだ。たいていガードマンというか、ドアマン的な男性が戸口の所に立っていて、ドアを開けてくれる。彼らは総じて愛想がよくて、ニコニコ挨拶をしてくれる。私も挨拶する。カゴを使う人はそれほど多くないが、ちゃんと置いてあり、私はそれをとって、ミネラルウオーターのボトルと珈琲のスティックと小さな牛乳と、例の巨大肉まんを買うのである。

巨大肉まんにはかならず、袋入りのソースがついてくる。このソースは一見、色の濃いメープルシロップみたいな様子をしているが、これが「甘さが完全に勝利した甘辛ソース」なのだ。で、肉まんのナカミも、思いっきり甘辛い。肉を甘辛味で煮込んだようなものが入っていたり、甘辛味のツナっぽいものがはいっていたり、あるときなどは甘辛の「辛い」「しょっぱい」ところが完全に失われた、甘いだけの何かが入っていた（あんまんではない）。

私は何となくこの巨大肉まんに、はまった。

そして、毎朝これを食べ続けた。

毎朝行くコンビニの店員さんやドアボーイは、私を半笑いで見ているような気がしたが、いいのだ。私はなんでも気に入ったら繰り返すのだ。気にしないのだ。

朝の行動パターンを何度か繰り返すうち、新聞売りのおじさんは私が買う新聞を覚えてくれた。

レストランで食べたもので一番思い出深いのは、写真の「ネギの肉巻き」である。

これは本当に美味しかった。

長いこと歩いた先で見つけたレストランで、すごく時間をかけて選んだメニューだったせいもある。メニューを決めるのに、ウェイトレスの女の子にみっちり手伝ってもらったのだが、なかなか決まらなかった。「一人で食べられる量」のものがあまりなかったからだった。

「お肉食べたい」ということを伝えると、彼女は困ったような感じになって「それならこのへん」と教えてくれて、「量はどうかなあ、おおい？　少ない？」でもたもたした。

で、最終的にこれに決まり、ビールと甘辛味付けの肉と白いごはんで心から開放感と満足感を味わい、

ネギの肉巻き。これがたぶん滞在中最高のスマッシュヒットだった。食べかけてからの写真ですみません（腹が減っていたのです）。

さっぱりした気持ちで海風を受けながら何気なくガイドブックを見ると、そこには「シーフードレストラン」とあった。

「肉のお勧め料理」が彼女の口からなかなか出てこなかったはずである。

私はビールが大好きで、ベトナムでもイギリスでも勿論日本にいるときでも、いろんなビールを飲んでみているのだが、どうにも、フィリピンで飲んだ「サン・ミゲル」が、世界で一番好きなビールだという気がする。

理由はよく説明できないのだが、とにかくこれが一番おいしいのだ（断定）。

味はライトで、クセがなく、のどごしがよくてさっぱりしている。とてもさわやかでからりと明るく、まるで、フィリピンの男性の笑顔のようだ。サン・ミゲルはフィリピンで最もポピュラーなビールだと思われる。どこのお店にも置いてるし、一番安い。

ただ、ビールは不思議な飲み物で、どうも、イギリスのビールはイギリスで、ベトナムのビールはベトナムで飲むのが、一番美味しく感じられる気がする。

帰国後、サン・ミゲルを偶然、近所のバーで発見し、現地の人が聞いたら飛び上がっちゃうような値段で飲んだことがあるが、どうも、エッジがぼやけた感じがした。

サン・ミゲルを口にするたび、「球体の王、サン・ミゲル」というガルシア・ロルカの詩の一節が思い浮かぶ。アメリカナイズされたフィリピン、その薄皮を割くと、スペインの血がにじみ出てくる。

ちなみに、サン・ミゲルは２００８年にキリンビールに株式の43％を売却したそうだ。上記に「フィリピンで飲まなきゃね」的なことを書いておきながら舌の根も乾かぬうちにアレなのだが、こうなったら是非、日本でももっと流通させて頂きたいものだ。

フィリピンはフルーツ天国でもある。マンゴーが特に美味しく、さらに、毎日名前のわからない果物にチャレンジしては感動していた。

でも、気をつけなければならないのは、道端で売っている青いマンゴーだ。たくさんのおばさん達が、キレイにカットした、まだ熟していないように見えるマンゴーをビニール袋に入れて売っている。

見た目はみずみずしくて美しい。

これを買うと、塩コショウみたいなものを小袋につけてくれる。

で、試しに食べてみると、これがまったく「酸っぱくて渋い（つまり美味しくない）」のだ。

口に入れてしばらく噛みしめたあと、私は「やられたー」と叫んだ。

おそらく、暑さによる喉の渇きを癒すために、さっぱりした飲み物のような感覚で売られているものと思われるが、これは、私の口には合わなかった。

トラブルあれこれ

旅行の土産話と言えば、「食べたもの」「行った場所」そして「苦労話」である。ものを盗られたとか、ボられたとか、そうしたショックな出来事が、帰国すると立派な「財産」となる。人に話して楽しんでもらえるのは、楽しかった話ではなく、どちらかといえばダメな、びっくりした話の方なのだ。

フィリピンでは、風邪を引いた。

喉が痛み、悪寒がするので、おかしいなあと思っていたら、突然どっと寝付いた。それほど高い熱が出たわけではなかったが、鼻水が止まらず、咳が出て寝付かれない。

毎日、日中は30度以上あるのに、こんなに暑いところで夏風邪（というか10月だったのだが）か、とげんなりして、そのあと「ほんとに風邪かなあ、なにか変な感染症とかだったらどうしよう、デング熱とか、マラリアとか…」とあれこれ考えて怖くなった。

で、ベッドの上に真っ直ぐに横になり、眼を閉じて、症状をひとつひとつ、再確認してみた。喉の痛み、悪寒、熱の具合、鼻水、関節痛。

そして、自分に問うてみた。

「今までに経験したことのない感覚は、あるだろうか？」

答え「ナイ」。

風邪だ。と思い込むことにした。

ホテルのすぐ近くに「マーキュリー・ドラッグ」というドラッグストアがあって、それまでにも何度か利用していた。マーキュリー・ドラッグは、マニラのマツキヨである。どこにでもあるし、なんでも売っている。

マーキュリーはヘルメス、メルクリウス。医術の神様・アスクレピオスの杖には蛇が巻き付いていて、ゆえに杖と蛇は医療の象徴となっていて、かのＷＨＯの旗印ともなっているが、メルクリウスも蛇の巻き付いた杖を持ってるので混同されやすいらしい。あの屋号もその混同のせいなのだろうか…。などとぼんやり考えながらそこに向かった。

マーキュリー・ドラッグは日本のドラッグストアとほとんど変わらない。品揃えも豊富だし割と清潔だし、とても近代的だ。

ただし、薬は手前の棚には置いていない。

店の奥にカウンターがあり、その向こうに何人も白衣の薬剤師がいる。具合が悪くて薬がほしい人は、そこに行って薬を買うシステムになっている。別に処方箋を持っていかなくてもいいようだ（持っていく人もいるのかもしれない。わからないけど）。

フィリピンはどこのお店でも普通に英語が通じるので有り難い。

私は「絶対使うことはないだろうな」と思っていた、ガイドブックの一番最後のあたりに必ずついている「病気になったとき」の会話文例集を眺めた。風邪、鼻水、喉の痛み、熱、等の、今必要な単語を復習した。

ただでさえ臆病なのに、今は風邪で頭がモーローとしている。最悪のコンディション。ストレスでどうにかなりそうだったが、もうこうなったら開きなおるしかない。

私は病人、貴方は薬剤師、人として努力しなければならないのはむしろ向こうの方である。

正しい文章にする必要なんかない、この苦しみを情熱に変えて、単語のままカウンターの向こうにいる仏頂面の相手にぶつけるんだ。っていうか、私のこの「鼻水・涙眼・紅潮した顔色・不機嫌な表情」などのありさまを見て、プロなら何も言わずにカゼ薬を出してこい、くらいの勢いでぶつかっていこう。

と、回りくどく気合いを入れて、私は店の奥に進んでいった。

カウンターは人でいっぱいで、列に並ぶ様子もなかったので、日本の肉屋さんで注文するときのように、薬剤師のだれかの手が空く気配を見計らった。しかし、なかなか手が空かない。仲間同士で何か相談したり、客と長話をしたりしている。あげく、一人は中に引っ込んで出てこなくなり、カウンターは二人体勢になって対応に追われていた。

私は自分のコミュニケーション能力がおぼつかないので、できるだけゆったり時間を取ってもらえるよう、辛抱強く空くのを待った。

やがて、やっと私の順番が来た。

対応してくれたのは若いお兄さんで、ちょっとほっとした。もう一人いるきつそうなおばさんだったら、怒られそうな気がしたからだ。

思い切って、単語の羅列で症状を述べた。無意識にアクションが入る。

おでこに手を当て、鼻を指差し、喉ひりひりする、の、渾身のしかめっ面。

それを見て、私の話（というか小芝居）のなかばで、わかったわかった、と気軽に頷いたお兄さんは、奥に行ってすぐ戻ってきた。

彼の手には、二種類の薬の束があった。

大きなラムネ、いや、オセロのコマかと思うようなでっかい錠剤だ。箱にも袋にも入っていない、銀色のＰＴＰ包装（プラスチックの側からナカミが見えて、銀紙の方に押し出して出す、おなじみのアレ）が数個ずつに切り分けられたものを、輪ゴムで止めている。

「こっちは5日分、こっちは10日分、どっちがいい？」日数はうろ覚えだが、そんなふうに訊かれた。

説明書きもなにもない。

これは、本当に風邪薬なんだろうか…という不安が私の頭をよぎった。

で、もう一度症状を言って「風邪だと思うんだけど、それなの？」と念を押すと、うんうん、これしかない、とちょっとうるさそうに言う。

そうか。これなのか。

仕方がない。

さすがに◯ルやパ◯ロンが出てくるとは思わなかったが、むきだしで、しかもこんな見たこともないような大きな錠剤が出てくるとは思わなかった。入れ歯の洗浄剤のようだ。

とりあえず5日分をえらび、お金を払って、外に出た。

フィリピンの風邪薬…。それは私の身体に合うのだろうか。

きついんだろうか。副作用とかはあるんだろうか。

そもそも、どうしてこんなにでかいんだ。

ホテルの部屋に戻るとすぐに、インターネットに接続し、銀紙の側に書かれている薬の名前とおぼしきアルファベットを検索してみた。

すぐに日本語のサイトにヒットした。Neozep、というその薬は、フィリピンでポピュラーな風邪薬で、よく効く、と書かれている。フィリピン在住の方々のブログや情報サイトなどにいくつも類似の情報が出ていたので、ちょっと安心した。もっと大量に買えば、箱と説明書きがついてくるらしい。それを、使う分だけ小分けして売ってくれるシステムなのだ。

私はミネラルウォーターを用意して、意を決して、飲んだ。

片側が緑色で、片側が白。喉につっかえる大きさだが、気合いで飲み込んだ。


その様子を見かけたハウスキーピングのおじさんが、「風邪引いたの？　薬飲んでるの？」と声をかけてくれて、うんうん、と答えると、いつもより1つ多くボックスティッシュを置いていってくれた。そしてゴミ箱をベッドの横に移動してくれた。

優しい。

旅先で優しくされると涙が出る。

ただでさえ、体調を崩してちょっと弱気になっていたところへ、ドラッグストアへの挑戦という緊張を乗り越えたばかりのところだったので、おじさんの笑顔が沁みた。

明日はいつもよりたくさんチップ置いとこうと心に決めた。


一日、変な夢を見ながら寝ていたら、あの大玉の薬が効いたのか、翌日にはだいぶマシになっていた。

その翌々日には帰国が迫っていたので、勿体ないのでムリして周辺を散歩したり、ムリしてホテルのプールに入ったりした。

ホテルのプールは、トレーニング用の直線コースと、遊ぶためのまるいプールとの２つがあり、両方とも、立てないくらいの深さがあるのだった。これに入らずに帰るなんて、ダメ、絶対。

で、鼻水が出ていることに気づかないふりをして、ビキニを着て飛び込んだ。荒療治、とか、修行、とかいう言葉が胸をよぎった。

しかし、プールで一人ざぶんざぶんして遊んでいるうちに本当に鼻水は止まり、熱も下がったようで、夜にはスッキリしていた。


って、ぜんぜんたいしたことない。

こんなトラブルとも言えないようなトラブルしかないのか…。

思えば私は、運がいいのか、臆病さで危険を無意識に回避しているのか、あまりひどい目に遭ったことがない。

…いや、そうだ、イギリスではそういえば、あんなことがあった。

ロンドンのコンビニやスーパーで、何度か瓶ビールを買った。

缶ビールは六缶一パック、みたいに束になっていることが多く、瓶のほうが一本単位で買いやすかったのだ。

で、部屋に持ち帰って飲もうとして、栓抜きがないことに気づいた。

部屋を探してもどこにもない。

もう23時を回っていたので、フロントに電話するのもおっくうだ。

仕方がないので、部屋にあったティースプーンで開ける事にした。

私は不器用で、力も強くなく、そんなことはやったことがない。

でも、人間なんだからアタマを使えばなんとかなるだろう。

私は瓶の蓋をじっと見つめ、ちょっと念力を送ってみたけど、あかなかったので（当たり前）、さらに観察した。

瓶の栓は、ギャザー状態になって、とまっている。

もともとは丸く平たいだけの板を、ぎゅっとしわしわにして、とめているわけだ。

ならば、このギャザーの襞をひとつひとつ開いていけば、ただの円盤になって、自然にはずれることになる。はずだ。

というわけで、わたしはそのヒダヒダをひとつずつ、「うに」「うに」と、外側に曲げていった。すると、しばらくして、ぽかりと蓋が取れた。

万歳！

このすばらしい達成感でビールは五倍くらい美味くなった（ような気がする）。

だが、次の日。

前日と同じように瓶ビールを購入し、部屋に戻り、昨日と同じように蓋を開けようとしたのだが、昨日のビールと違い、フタは頑として動かない。

どうも、金属の種類が違っているようで、昨日のよりはるかに、厚ぼったくて堅いのだ。

私の非力とヤワなティースプーンでは、びくともしない。

ムリをしたらぺらぺらしたアルミのティースプーンがぐにゃぐにゃになってしまいそう

件のビール。最初にティースプーンで開けた方。フタの形状がことのてんまつをものがたっている。

だ。

時計を見れば22時ちょっと前。

私は思い切って、フロントに電話をかけた。

「瓶ビールを買ったけど開けられない、オープナー貸してくれ」という意味っぽいことを必死にしゃべった。

電話の向こうのお兄さんは、「あー、もう、しょーがねーなこの客」という苦笑を隠そうともせず、なにかごにょごにょ言ってから、「わかった、ちょっと待ってろ、すぐ行くから」と言った。

しばらく待つと、扉がノックされた。

私は走っていってドアを開けた。

そこには、背の高い、制服のスタッフのお兄さんが立っていた。

彼はニカッと笑い、右手になにかを持って、「瓶は?」と言った。

右手を見ると、そこにあったのは、…スプーンだった。

結局スプーンかよ!!

といっても、彼が持っていたのは私のティースプーンとは月とすっぽん、大きくて丸くて丈夫そうな、スープ用のスプーンだった。

瓶ビールを手渡すと、彼はそれにひょいとスプーンをひっかけて、片手でこともなげに、ぽいとあけてくれた。

さ、サンキューベリーマッチ、と言い、コインを何枚か渡すと、彼はにっこりとさわやかに立ち去った。

ロンドン・スプーン事件。

…やはり、いまいち、ショッキングじゃない。

そうだ、ショックと言えば、ロンドンで見た、バスルーム備え付けのボディーシャンプーがショックだった。

というのも、ラベルに、

「ヘアシャンプー&ボディーシャンプー」

と書かれていたのだ。

頭も身体もいっしょのシャンプー。ここまで大雑把だとは…。おそるべし、イギリス。

高所恐怖症と飛行機

海外旅行と言えば、飛行機である。

船で行く人も中にはいるだろうが、「洋行」の言葉の通り、島国・日本を脱出するには、何らかの手段で、海を越えなければならない。

従って、海外への玄関口は飛行場である。この連載の冒頭も、成田空港のあたりから始まった。連載三回目くらいまで飛行機・空港エリアを出なかった気がする（確か）。

私の母の実家は青森にあり、私が生まれ育ったのは東京だった。だから、子供の頃、母の帰省の折にはしばしば飛行機に乗った。羽田から三沢空港や青森空港まで、45分くらいだったと思う。時には幼稚園くらいの頃、妹と二人だけで乗せられたこともあった。スチュワーデスさん（当時はこれしか呼称はなかった。今は「キャビン・アテンダント」であるが）にオレンジジュースをもらったりして、ゴキゲンだった記憶がある。もともとは、飛行機が好きだったのだ。

が、しかし。

私は大学時代、京都に住んでおり、在学中にあの、阪神淡路大震災が起こった。京都も結構揺れたのだが、大阪・神戸ほどではなく、生活に大した支障はなかった。地震の起こった朝、部屋に積み上げられていた本が雪崩を起こしたくらいで、「ああ、地震か」と二度寝し、1、2時間して起きてテレビをつけたら、とんでもないことになっていた。画面いっぱいに、火に包まれた長田区界隈や、倒壊するビルなどが映し出されていたのだ。線路が崩れ、多くの人々が悲嘆に暮れ、なすすべもなく呆然とし、あるいは、救助活動に打ち込んでいるのだった。私はとにかくびっくりして、じっと流れ続けるニュースをみつめているだけだった。

そのニュースの中だったか、数日後の番組だったか忘れたのだが、5階建てほどのビルがまさに、斜めに倒れて倒壊する、というシーンを目にした。見ている人もなすすべなく、ただ記録に収めようと映像を撮り続けていたらしい。他にもショッキングな映像はたくさんあったはずなのだが、なぜかこの映像だけが、くっきりと記憶に残った。

その後、私に異変が起こった。

高所恐怖症である。

震災までは、そんなことは一切なかったのだ。高いところはわりと好きな方だったと思う。でも、震災があり、あの映像を見た後、まずエレベーターが怖くなった。ビルの倒壊とエレベーターの昇降の感覚が結びついたのだろう。「この箱の外、足の下には何もないのだ」という恐怖感が腹の底の方から湧いてきて、冷や汗が出て、鳥肌が立つのだ。

自分でも最初は驚いたし、なぜそんなふうになるのか解らなかった。よく考えてみたら、あの映像が原因だと思い至ったのだった。それでも、「自分が高所恐怖症だ」と思ってしまったらもう、どんな高い場所にも行けないような気がして、敢えてムリして高いところに登ったりもしてみた。東京タワーの展望台の床に、ガラスが填め込まれて下が見える場所があるのだが、そこではあまりの恐さに、床に座り込んでしまった。そしてそのまま、タワーを降りた。

そんな状態だったので、飛行機なんか乗っていいわけがなかったのだ。それでも私は、大学卒業後2、3年後、実家へ帰るために東京から青森への飛行機に乗った。当時、新幹線は八戸どころか、盛岡止まりであり、青森県はつながっていなかったので、東京―盛岡よりも長時間、盛岡―青森の特急列車に乗らなければならなかったのだ。距離を考えるといかにも理不尽だ。ちなみに以前は「はくつる」とか「ゆうづる」とかの夜行列車がたくさんあって、寝ている間に着いてしまったのだが、今は「あけぼの」一本しかない。一方、飛行機なら羽田から青森まで、45分くらいで着いてしまう。

そんなわけで、不安はあったものの、意を決して乗ってみた。

離陸の瞬間から、顔面蒼白となった。妹が一緒に乗っていたのだが、最初私のうろたえぶりを笑っていた彼女も、席にうずくまって動かなくなり呼びかけに返事もしなくなった私の姿をみてだんだん本気で心配し、「おねえちゃん、もうすぐだよ」と励ましだした。この足の鉄の床の下は「なーんにもない」のだと思うと、体中がしびれるような感じがした。オマケにこの日は、機体がひどく揺れた。何の理由でかは解らないけどとにかく青森に着く前に私は死ぬ、と確信した。しかし、死ななかった。

今にして思えば、こうした症状は、非常に軽微なパニック障害だったのかもしれない。この経験以降、「しばらく、たかいとこはやめよう」と決めた。

それから5年以上経った、2007年。

私はベトナムに一人旅をし、当然、飛行機に乗った。フライトは約7時間。

5年前の羽田—青森は45分でよかった。45分なんて、中央線で東京駅から立川までくらいの時間だ。それが、今度は7時間。普通の会社の、一日の就労時間くらいである。果たして、だいじょうぶなのか。また以前のようにうずくまって、今度はキャビン・アテンダントの皆様にご迷惑をかけるようなことになるのではないか。さらに、片道がダメだったから帰りは船、とかいうのも当然不可能だ。昨今流行りの、海賊にあったらどうする（ってそういう問題じゃない）。

しかし、そんなことを思い煩っていたら、一生日本を出られない。高所恐怖症といったって、重篤な人のように頭痛がしたり下痢をしたりするわけではなく、ただ怯えて冷や汗が出たりするだけの軽いものなのだから、我慢すればなんとかなるだろう。それに、フライトは夜である。夕方飛び立って、真夜中に着くのだ。だから、寝ちゃえばいいのだ。そうだ。寝ちゃおう。

そのように安易に考えをまとめ、あとは最強の対策「これ以上あれこれ考えないようにする」を採用した。

そして、当日。

リュック一つで飛行機に乗り込み、ベルトをしっかり装着し、たぶんあの機内の乗客の中でいちばん真剣に、酸素マスクや避難経路などの説明を聞いた。心臓はバクバクと鳴り、手のひらにじっとりと汗をかいていた。手のひらというのは、暑くても汗は出ないのだそうだ。ただ精神の動きによってのみ、発汗する。だからつきあい始めたばかりの恋人と手を繫ぐとき、いちばん出てほしくない手のひらに汗をかく。なのに、もし彼の手がさらりと乾いて心地良い感触だったなら、相手は大してドキドキしていない証拠…というわけではないと思う、誤解してはいけない。たぶん個人差があるのだ。

飛行機はそうするうちにもすうっと移動していき、やがて、離陸体勢に入った。エンジン音が一気に大きくなり、他の音がよく聞こえないほどになる。私はぐっと肘掛けをつかんだ。一気にスピードが上がり、ふわっと浮く感触が伝わってきた。地面を離れたのだ。

ぎゅうっと下腹の、たぶん子宮の辺りが縮み上がるような感じがした。私が男だったらきっとあの袋的な部分がぎゅうっと縮まるのだろうと思った。寒いと縮まるとか怖いと縮まるとか聞いたことがあるが、きっとこういう感じに違いない。死ぬまで絶対それを確かめることができないのが、人間って不思議、などと考えて必死に気を紛らわせた。

　このときの私の席は真ん中あたりで、窓の外など見えない状態だったので助かった。私は意識して「足の下には何もないのだ」と考えないようにした。どうも、この「足の下に何もない様子」を想像するのがよくないのだ。何も想像するまい。私は前座席の後ろについているポケットに入れておいた、持参の本を開いた。北方謙三の「水滸伝」第一巻だ。まだ一回も読んでない、おろしたての一冊だ。これを一頁目から読み始めた。

　離陸直後はぐらぐら揺れて、それに合わせて心もぐらぐら揺れたが、必殺「考えないようにする」でなんとか、乗り切った。

　機体はやがて、安定飛行の状態になり、ベルト着用のランプが消えた。雲の上に出たのだ。みんなざわざわしながらかちゃかちゃかちゃベルトを外す。私はめんどくさいのでそのままにしておいた。安定飛行になると、気持ちがだいぶ楽になった。あまりにも地面から離れすぎて、「足の下」イメージにリアリティがなくなったのかもしれない。

　すると、キャビン・アテンダントが飲み物を運んできた。私は、アルコール類がタダで飲めるということを知らなかった。ワインやビールもあると聞き、俄然、勢いづいた。

「赤ワインください」

と伝えると、小瓶のワインが卓上に置かれた。そしてちいさな「おつまみ」と書かれた袋を渡された。

袋を開けると、おかきとかナッツみたいなのが取り混ぜて入っている。これをつまみながらワインを、ビニールのコップで「これがほんとの、コップ酒だな」とか思いつつやっていると、アルコール効果テキメンで、気分は一転、やたら楽しくなってきた。さっきはあれほど怯えていたのに、今のこのテンションの高さは、なんなんだ。とてもハッピーに。酒、ちょっとコワイ。

その後、機内食が運ばれ、お酒も追加でもらって、ハッキリ言って、「気に入った！」と思った。織田信長が豊臣秀吉に最初に出会ったときはたぶんこんな感じだったんじゃないかと思う。「おぬし！　気に入った！」みたいな、そういう気持ちが、飛行機に対してふつふつと湧いてきた。機内食は、これをすきな人も嫌いな人もいると思うし、航空会社によってもだいぶ違うが、基本的に私は、好きになった。いろんな国の「常識」が垣間見えるし、何が出てくるかワカンナイというところが、どうにも気に入ってしまったのだ。酒を飲み、本を熟読し、眠ければ寝る。この限りなく怠惰な状態をある意味「強制される」ということの嬉しさに目覚めてしまったのだ。機内ではネットもできないから、仕事するわけにもいかない。確かにノートブックを拡げれば原稿くらい書けるかもしれないけど、そんなの気持ち悪くなっちゃうよ、という言い訳が成立する。

これ以降、マニラに行き、さらにベトナムに何度か行き、その後ロンドンに行ったりもしたわけだが、つねに私は飛行機に乗るのを楽しみにするようになった。離陸のときの、あの、子宮の辺りがぎゅうっと縮み上がる感じはいまだにあるのだが、それもスリルとして楽しめるようにさえ、なった。

更に、日常的に、変なクセまでついた。

あの「おつまみ」である。

飛行機でなくとも、「味ごのみ」とかそういう、小さなパックにいろんなおかきやナッツが詰まった小袋おつまみが、スーパーで色々売られているのだ。これを発見し、俄然、興奮した。そしてそれを常備し、夜仕事が終わると、ワインと一緒にそれを楽しむようになったのだ。

ワインのつまみといえば、チーズとか、肉類とか、オリーブとか、そんなおしゃれな食べ物が思い浮かぶ。しかし、私はそんなものよりずっと素敵な「おかきセット」にはまってしまったのだ。おかきの小袋とワインを前にして、北方謙三の「水滸伝」(これは本編が19巻まであり、さらに続編である「楊令伝」15巻、「岳飛伝」が今14巻まで出て継続中であり、水滸伝以前を描いた「揚家将」「血涙」などもあって、何度飛行機に乗ろうがずっと読み続けられそうな気がする大作。)を読む、という「飛行機ごっこ」が、日々のクセになってしまった。

今では、飛行機に乗る際、席が選べるときは、できるだけ窓側の席を選ぶようになった。

夜空を見たいからである。飛行機から、生まれて初めてほんものの天の川を肉眼で見た。長く尾を引く流れ星も見た。大きな満月も見たし、それが海面に映る様も見た。時には、雷雲がピカピカ輝くのを、上から見下ろしたこともあった。

離陸してしばらくすると窓を閉めるように促されるのだが、時々、こっそりちょっとだけ開けて見る。上

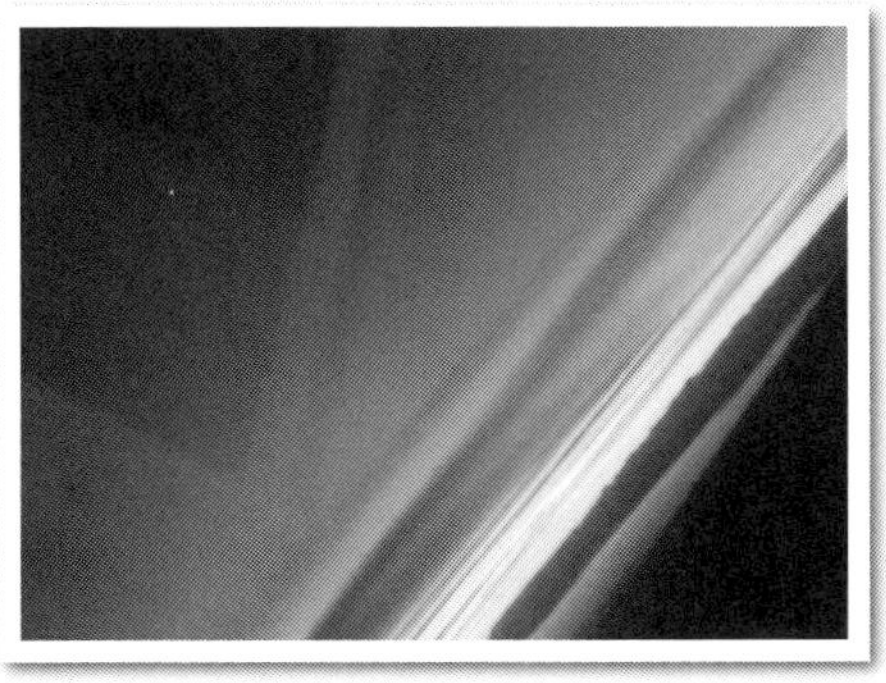

同じく飛行機から見た夕焼け。このサイズだと小さくて見えないと思うが、端っこに金星が見えている。

から見る雲海や富士山、海などの景色が、私は大好きだ。
「ブロッケン現象」という面白いものを目撃したこともある。明るい昼間、雲海の上に、円を描く虹が見えて、その真ん中に、小さな飛行機の影が映る現象だ。光のイタズラでそうなるのだそうだが、これには興奮した。

これだけ飛行機が気に入ったのだから、高所恐怖症は治ったはずだ。もう、高層ビルのエレベーターなんか平気だろう！　と思い、例の新宿高島屋のエレベーターにある日、乗ってみたのだが、…以前と変わらず、固まった。

雲を突き抜けるほどに高さが突き抜けてしまえば、だいじょうぶなのだ。中途半端だから、ダメなんだ。なにごとも中途半端だと、つまらないしコワイし面白くないのだ。「オバケはオバケが怖いのか？」という永遠の命題があるが、あれだ。こうやって地上に中途半端に近いから空が怖いんだ。もう、空の側に行ってしまえば、オバケがオバケをたぶん、こわがらないように、怖くないのだ。

オーストラリアで皆既日食

皆既日食ツアー＠オーストラリア　その1

赤道を越えるのは、生まれて初めて、である。

かねてから行きたいと思っていた、といえば嘘になる。オーストラリアとかニュージーランドとかは、スポーツの好きな明るい性格の、リアルが充実している人々が行くところだ。私には関係ない。そう思っていた。それが自分がまさかオーストラリアに、自発的に行くことになろうとは。

日本での金環日食も終わって少し落ち着いた夏、雑誌『星ナビ』で皆既日食ツアーの広告を見つけた私は、卒然として２０１２年11月のケアンズ皆既日食観測の旅に行くことを決め、申し込んだ。

皆既日食とは金環日食とはケタ違いのダンチガイ、全く別物だ、という話を多方面から聞いて、ぜひ行かねば、という気になったのである。

皆既日食は「皆既日食帯」と呼ばれる非常に狭い範囲の地域でしか観測できない。ヘタするとおそろしい僻地などに行かないと見られないのである。

ケアンズはちゃんとした街であるから、普通にホテルに泊まって、普通にトイレもあって…みたいな環境で皆既日食が見られる。これは、たいへんありがたいことなのである。

皆既日食はどうも「クセ」になるらしく、歴戦の猛者（？）たちがたくさん来ていた。

「これが3度目」というおじさんに話を聞いたところ、前に中国の敦煌のはずれまで見に行ったときは、道なき道を長いこと、ポンコツのバスで運ばれていき、その道中にはトイレもないので、外で用を足した、ということだった。

「それで、食は見られたんですか？」

「それが、なんとか晴れていたんだけど、今が皆既の瞬間！　というところで、大きな雲が出て、見られなかったんだよね」

「…そうですか…」

一か八か、瞬間の賭けなのである。

いくら晴れていようとも、肝心の「そのとき」に雲がかかれば、それでおしまい、なのである。

見られなくても、払い戻しは一円もない。

皆既食、つまりダイヤモンドリングからダイヤモンドリングまでが2分ほど。その2分の奇跡に賭けて、私たちは飛行機に何時間も乗り、はるかな距離を超えて、旅をするのだ。


ツアーに申し込んでから、中学校で習った地理の微かな記憶を手繰ると、オーストラリアは確か日本と大して変わらない温帯の気候で、ただ、四季が日本とは逆転していて、「クリスマス・イン・サマー」だったはずだ。世界地図も彼の地では上下が逆転しているという話も聞いた。そういえば、私が受験した某大学の小論文の問題で、上下が逆転した世界地図が示され「これを見て何か書け」みたいなのがあったな。そして落ちたんだったな…。などと、ちょっとブルーになった。

もとい。

11月のオーストラリアは、季節的には「初夏」である。一番大きな都市・シドニーは爽やかな気候だが、ケアンズはそれより赤道にかなり近いため、熱帯的に暑い。しかし、問題は気温ではなかった。

日本の6倍といわれる、紫外線である。

紫外線は「オハダに悪い」と日本でも広く知られているが、オーストラリアのそれは「オハダに悪い」どころではない。皮膚ガンのリスクがものすごく高いのである。実際、発症率もとても高いらしい。命に関わるのだ。

地元の小学校では、子供の通学にかならず、帽子をかぶり、更にその後ろに日よけの布をひらひらとつけることを義務づけているところが少なくないという。サングラス、日焼け止め、長袖の服。ひたすら太陽に肌を晒さないよう気をつけることが、とても大事なのである。

しかし。

シドニーから乗り継いでやっと着いたケアンズの公園では、たくさんの人々がもろ肌脱いで、甲羅干しを楽しんでいた。

先ほどまで「オーストラリアの紫外線、なめたらあきまへんで」と力説していたツアーガイドの女性にめくばせし、「あの、魚河岸のマグロのようなあれは…」という無言の問いを投げかけると、彼女は言った。

「あれは、主にヨーロッパからのバックパッカーの方々です。ヨーロッパの人は、自分の故郷の天気があまり良くないので、お日さまだ！　と見るとすぐに服を脱いで日光浴し始めるのです。紫外線の危険を知らない、いわば、シロウトです。現地の人はあんなことは絶対しません。マネしてはいけません」

…なるほど。

紫外線に気をつける。裸族はシロウト。

肝に銘じた。

いや、元々、脱ぐ気はなかったのだが。

グレートバリアリーフなど、美しい海と珊瑚礁で知られるケアンズ。

海辺の小さな街には、どんなに美しいビーチがあるのか……と思いきや、ケアンズの街には、ビーチはないのだった。

この辺りの海辺はもともと、非常に古いマングローブの森に覆われていた。三メートルもあるワニが悠々と暮らすような、深い森だ。

マングローブは、海水を吸い上げて、根っこで塩分と水を分離する。そして、水だけを幹から葉へと渡していく。でも、根っこだけでは塩分が完全に分離できないので、わずかに残った塩を、緑の葉の中の特別な葉に貯めていく。その特別な葉は、黄色く変色する。黄色い葉はやがて木から落ち、それが泥の中で分解されて、滋養になっていく。なんとも不思議な生態だ。

今もマングローブの森は郊外に広く残されている。「キュランダ」は、世界最古のマングローブとして名高い。街中にも、マングローブの頃からの樹木が、並木のように残っている。街角の大木には、黒いみっしりと重みを感じさせるものが、たわわにぶら下がっている。これは「フルーツバット」といって、コウモリな

ケアンズの、ビーチになれない、干潟。小魚やカニなど、小さな生き物がたくさん棲んでいる。

のだ。バットマンの、バット。果物みたいに鈴なりになっているコウモリ、なのだそうだ。

閑話休題。

そんなマングローブの森を伐採し、干拓して、船が着けるように港を整備したところから、ケアンズの街はできあがった。だから、マングローブの痕跡として、海と街の境目には、ひろいひろい泥の干潟が広がり、満潮時にはそこに海水が満ちる。で、砂浜は、ない。

青い空！　白い雲！　広い海！　輝く太陽!!　しかし、砂浜は、ナイ！

なんだそれ!!（ツッコミ）

という具合に、「砂浜がない」ことをどうにも物足りなく感じたケアンズの人々は一計を案じ、あたかも「海とつながっている」ように見える大きなプールを、海のそばの公園の中に作りあげた。

そのプールは一見して「あれ？　砂浜？」みたいな様子をしている。そして、そこに腹ばいになって浸かると、広い海に続いているように感じられるのである。このプールは、柵で囲われることもなく、使用料を取られることもない。夜中までやっている。まさに、「砂浜もどき」なのである。

この説明を聞いて、「ケアンズ、なんか、天然だなあ」と思った。

ケアンズのガイドさんに「注意」されたことは、紫外線の他にもいくつかある。

まず「バスの中での飲食は厳禁」。

公共交通機関の乗客が、飲めや歌えの大騒ぎをやることは、法律で禁止されているのだ。そればかりではない。ちょっとしたお菓子を食べたりすることも、ダメ。ガムもダメ。なんでだ。

さらに「車内では乗客もシートベルト着用必須。してないと、乗客本人が罰金をとられる」。

「アルコールは、スーパーやコンビニでは一切販売されていない。基本的に、アルコールは飲食店などで、人がサービスする。あるいは、専門の酒屋さんで入手する」。

なんかこう、ルールがいちいち、手厳しいのである。学校みたいなのである。

思うに「移民の国」というのは、いろんな地方からいろんな常識を持ったいろんな人々がやってくるわけだ。そういう人々の間には、当然成立しそうなコンセンサスとか、みんなが自然に守れる常識とかみたいなものが、ほとんどないんだろう。あるいは、例外が多すぎて、収拾がつかないのかもしれない。多様性をどうやって「まとめる」か、というと、そうやって厳格な先生みたいなルールをバシバシ作って守らせる、ところにいくしかないのかもしれない。

しかし「アルコールはその辺では売ってない」ためか、ホテルのミニバー（部屋の中の冷蔵庫の中に詰めてある飲み物など）は、かなり充実していた。ビールもたくさんの銘柄があるし、素敵オーストラリアワインの小瓶が、赤・白・スパークリングまで揃っている（高いけど）。

飛行機の中で、アルコールについてはショックを受けていたので、これはちょっと嬉しかった。

というのも、話が前後するが、今回はカンガルーがトレードマーク、カンタス航空のツアーだったのだ。

カンタスは初めてだったので、わくわくしていた。

たいてい、国際線は、最初にお酒が飲めるのである。それとスナックみたいのをもらって、一杯やりつつ本を読んで気分が良くなった頃に、食事が来るのである。カンタスはきっと、素敵オーストラリアワインがあるに違いない。いやっふー！

座席について、網のポケットを見ると、そこに食事のメニューらしきものが挟み込まれている。それを開いて見ると、なんと！　飲み物のリストに、「スパークリングワイン」が入っているではないか！　欣喜雀躍！　なにをかくそう、私はスパークリングワインが大好きなのである。なんて素敵なオーストラリア旅行。どこだったか忘れたけれど、赤でも白でも、ワインは紙コップにだぼだぼと注いでくれる、というアバウトなサービスの会社もあったが、カンタスはどうやら、ミニボトルで提供しているらしい。嬉しい。期待はいやが上にも高まった。

飛行機はほぼ定刻通りに離陸し、しばらくして、おまちかね！　のワゴンの気配がした。やった！　とそちらを見ると、なんだか様子が変である。

ほい、ほい、ほい

みたいな感じで、全員にお手玉のように、なにかが手渡されている。

いやな予感がする。

ある日のビール。ビールはたくさん種類がある、ばかりでなく、瓶やラベルがかなり個性的だった。

やがてワゴンは近くまで来て、私も隣の人から順番に回ってきたそれを受けとった。小さな、水のペットボトルだった。

私は、悲しみで凍り付いた。

あのときの私のような絶望的な顔をして水を受けとった乗客もいないだろう。私をちらと見て、カンタスのおじさんＣＡは変な顔をしたが、彼は機械的に水を配り続けていった。

水。水か。こんなことならさっき空港でビールガマンするんじゃなかった。悲しみの雨が心に降り注ぎ、ペットボトルの水に冷やされて腱鞘炎が悪化した（気のせい）。

何もかもが空しくなり、私は呆然と座っていた。９月から11月、出発の寸前まで原稿を書き続けていた疲労が一気にあふれ出した。


しばらくして、食事が運ばれてきた。

そこでは、ちゃんとアルコールを頼むことができた。丸いかわいらしいグラスもついている。私はなんとなく、赤ワインを頼んでいた。

改めて気を取り直し、星空に乾杯。

一口飲み、二口飲んで、私の心は「パアアア…」と、完全に晴れ渡った。一瞬で「あ、電気つけた？」というくらい、世界が明るくなった。

アルコール、怖い。

皆既日食ツアー＠オーストラリア　その2

話は少し戻る。

今回のフライトは、成田からシドニーに向かい、そこからケアンズへの飛行機に乗り継ぐ、というルートだった。

成田からケアンズへの直行便もあるのだが、なにしろ皆既日食である。旅行代理店各社がハデにツアーを組んでおり、どの飛行機も満杯で、臨時便も、ケアンズ行きだけでなくシドニー乗り継ぎ便まで何本か出るさわぎだった。

成田について飛行機にチェックイン後、荷物を預けるカウンターには長い長い列ができており、私もそれに並んだ。

すると、私のすぐ後ろに並んだ関西弁の夫婦が、さかんに「何かおかしい」と言い立てているのが耳に入った。

「なんでこんなに混んでるんやろ、毎年こんなんじゃないのに、この時期は空いてるはずやのに、おかしいわ」

「なんやろな」

「臨時便まで出てる、なんやろ、サッカー？　ちがうわなあ」

苛立ちながら、あれこれ想像している。ムリもない。

彼らはどうやらシドニー在住で、仕事の用事か何かで日本に一時帰国しているのだった。この時期に毎年、移動をしているらしい。例年と違ってむやみに混んでいるこの状況に、違和感を隠せないらしかった。

「なんや、ツアーやなこれは。みんな団体旅行のフダつけとる」

確かに、並んでいる人々の引きずっているスーツケースには、いろんな旅行代理店のワッペンがぶらさがっている。

迷子にならぬように、つけさせられるのである。

でも、見るからに団体客と解ってしまうわけで、旅慣れぬうえに気持ちが浮かれきっている団体旅行などは、盗人達の格好の餌食になってしまうのでは…と心配である。

「ぜったいおかしいわ、こんなん、ないわ」

「なにがあるんやろな」

じりじりとしか進まない列は延々続き、この会話も延々続いた。

私は、喉元まで
「皆既日食なんです、だから、今年の今だけ、ピンポイントに混んでいるだけなんですよ！　14日がすぎれば何事もなかったかのように元通りですよ！」

というセリフが出かかっていたが、ぐっとこらえ続けた。苦しい。言いたい。でも、言うのは差し出がましい気がする。頼まれもしないのにクイズの答えを先に言う、つまりネタバレになってしまうような気がする。

そんな苦悶のさなか、ついに！

後ろの夫婦の、奥さんのほうが私に声をかけてきた！

「すいません、このツアー、なんのツアーですか？」

私は、ここぞとばかりにさっとふり向き（マントを着ていれば華麗に翻っていたであろう
（着てなかったけど））

「皆既日食です（キラーン）!!!」

とずばり解説した。

「14日に皆既日食があるのですが、その皆既日食帯がちょうど、ケアンズのあたりを通るので、みんなそれで並んでいるのです。だから、こんなふうになるのは、今年の、今日明日だけです」

ああ、なんという解放感…。

しかし二人はなんとなくぴんときたようなこないようなようすで

「ああ、日食」

「そうですか、なるほど」

「日食やて」

「日食なら、しゃあないな」

と、ぼんやりしたレスポンスが返されたのみだった。

…まあ、解ってもらえたなら、それでいい。

で。

無事シドニーに着くと、ケアンズ便乗り継ぎまで4時間ほど、待ち時間が発生した。

この間、空港のビルの中をうろつくしか手がない。

時間は午前中で、飛行機はお昼頃である。昼ご飯を食べるのもなんだかなー、な中途半端な時間帯だ。

しかたなく、土産物屋やカフェ、ファストフードなどが立ち並ぶ通路を行ったりきたりしているうちに、書店が目に入った。

もちろん、英語の本ばっかりである。

自慢ではないが私は、英語は苦手だ。

中学・高校のとき、頑張って勉強しようとしたのだが、ほとんどアタマに入らなかった。

親が言うには、幼い頃は誰よりも早く日本語を喋るようになったというのに…言語の習得能力というのは、幼児期に摩滅してしまうのであろうか。

ともあれ、タイトルくらいなら読めるだろう。

時間つぶしに、2、3軒ある書店を梯子することにした。

すると、おもしろい事に気づいた。

書店の棚である。

例えば、日本の本屋さんは、雑誌の棚があって、新刊の棚があって、男性作家の小説の棚、女流文学の棚、ビジネス書、マニュアル本、エッセイやノンフィクションの棚、そして実用書の棚…そしてお店の奥に、文庫本の棚、マンガの棚などがある。

ここ、シドニーの空港の棚は、それとは全然違っていた。

まず、店頭には新刊や人気本の棚というか、机が置かれて、本が平積みになっている。これは日本とさして変わらない。

そこから一歩中に入ると、まず「犯罪・スリラー」の棚。直球である。「推理小説」とかじゃない。ずばり「クライム（犯罪）」と書いてある。これはフィクションとノンフィクションに分かれているようだ。

そして「SF・ファンタジー」の棚。ハリー・ポッターなどが目に入る。

その裏が「時事ネタ」。ジャーナリズム系の本だ。その隣に「古典」。岩波文庫みたいな感じ。

しかし、そんな棚を差し置いて、最も大きな棚は「伝記」であった。

伝記というと、日本ではどこか「子供向きのもの」というイメージがある。シュバイツアー博士や野口英世、ヘレン・ケラーなどの伝記を、子供の頃によく読んだ、という人は多いだろう。しかし、日本で、大人向けの本の売り場に「伝記」という棚を見たことは一度もない。

ここの書店の「伝記」の棚には、キング牧師など「偉人」ものもあれば、エイミー・ワインハウスなどちょっと前に亡くなった人もあれば、ロッド・スチュワートやザッカーバーグなど、まだ生きている有名人のものもあった。どうも「オーストラリア人」ということではなく、英語圏全般の「有名人」らしい。自伝もあれば、ジャーナリストが書いたものもある。

英語圏って、伝記が人気なのか…。

私は、しばしその棚の前で考えた。


有名なジョークに、こんなのがある。

「大きな客船が沈むとき、救命ボートにはあと一人しか乗れない状態で、男女それぞれ1人ずつが乗り込もうとしている。このとき、男のほうを説得して女を乗せるには、こうすればよい。

ドイツ人には『そういうルールですから』と言えば従ってくれる。

イタリア人には『そうしないとモテませんよ』と言えば良い。

イギリス人には『ジェントルマンなら当然そうします』と言えば良い。

アメリカ人には『そうすれば貴方はヒーローになれますよ』と言えば良い。

日本人には『みんなそうしてます』と言えば良い。」

細部、正確かどうかわからないが、「アメリカ人には、『ヒーローになれる』といえば良い」というのは、確かだ。

伝記の棚に並んでいるのは、すべてヒーロー、ヒロインの物語、と言っていい。

個人主義の国・アメリカでは、誰もがヒーローやヒロインになることを夢見ている。それがアメリカン・ドリームと言ってもいいんじゃないだろうか。

アメリカン・ドリームというと、「一攫千金、大成功、大もうけ」というイメージがあるけれど、ほんとうはそうじゃなくて、誰もが知っていて憧れるような立派なヒーローになりたい、というのが、本当のアメリカン・ドリームなんじゃないだろうか。この棚を見ていると、どうも、そう思えてくる。

並んでいる本をよく見ると、日本とはもう一つ、全然違っていることがある。

「タイトルよりも著者の名前のほうが、字が大きい」のだ。

日本で、タイトルより著者名のほうが大きい本など、見たことがない。

しかし、「シドニー・シェルダン」の名前より大きくタイトルが書いてある本など、ここには一冊もないのである。

これも、「人の手柄」を大きく評価する態度の表れなのか。

もしそうであるならば、翻って日本の書店は主に「みんながどうしているか」を知るための本が置いてあるということになるんだろうか。

…あながち、ズレてないような気もする（汗）。

もうひとつ、思い出したことがある。

それは「欧米の書店は、立ち読みを許さない」ということだ。

日本では、書店は「立ち読みして、気に入ったら買う」ことがベースになっている。もちろん、マンガのようにシュリンクされてしまっているものも最近では多いが、それはお金を持っていなくて店頭で平気で全巻読みしてしまう子供相手のことだ。ハードカバーの本は、シュリンクしてあったとしても、立ち読み用の1、2冊が別に置いてある。本はナカミで買うものなのだ。

でも、それが許されない欧米の書店はどうなるか。

買いに来た人は、「まだ知らないものを試して買う」のではなく、「ある程度、既に知っているもの」を買うしかない。

とすれば、「有名人の物語」は、「ある程度知っているもの」だ。また、有名作家の本も、その作家の名前を知っているという理由で、選び取ることができる。同じ作家なら、たぶん、同程度には面白いだろうからだ。

そういう理由で、「人の名前」「人の物語」が前面に出るのではないか…と思ったが、これは単なる思いつきの仮説である。

「アイコニック」というと日本では坊主頭で有名になった女性ミュージシャンを思い浮かべるわけだが、アメリカでは時に、ニュースなどで「これは、アイコニックな事件です」と言うらしい。

これは、「アイコン的」という意味なのだそうだ。

たとえば、若者が集まる繁華街の近くで、家出少女が殺される、というような事件があったとき、事件自体はありふれているのだけれども、特にそうした事件群を象徴するような事件のことを「アイコニック」な事件、というのだ。似たような事件がバラバラに起こっていて、それらは別々の事件なのだけれども、全体として社会の風潮やある種の根の深い社会問題によってそうした事件が増えている、というとき、その事件群の中の1つの事件を「典型的事件」として取り上げて、そう呼ぶのだ。

で、どんな事件が「アイコニック」になりやすいかというと、幼い子供か、美少女か、美人の大人が犠牲になったとき、なのだそうだ。やれやれ。どんな場合でも、美人は価値があるということなのか。

もとい、同じような事件がたくさんあったけれども、それらを象徴するような「人」を「アイコン」として捉える。

取り替えが効かない、絶対的な存在としての「個人」。

日本での「個人」の捉え方と、欧米でのそれとは、根っこの部分ですごく違うのだな…と、その違いが感覚的に伝わってきた気がした。

皆既日食ツアー@オーストラリア　その3

シドニーからケアンズまでは数時間、フツウは「食事は出ない」とのことだったが、このときは日食特別便だったため、カンタス航空の実力を日食マニアに見せつけるために（かどうかはわからないが）、ランチが出た。特にどうということもない内容だったが、楽しく食べた。

で、ケアンズに着くと、篠突く雨である。

飛行機の窓が既に、雨に叩かれて向こうが見えない。

バスでホテルまで向かうあいだも、断続的に雨が降っていて、雲の切れ間に青空が見えるということもなかった。

言うまでもなく、日食は、雲が出ると見えない。

この時期は雨期の「入り口」あたりの季節で、比較的雨が多いとのことだった。

皆既日食はほんの2、3分である。

その時間に雲が出て見えなければ、このうん十万支払った数日間が「おじゃん、ぱあ（方言）」ということになる。

なんというキワドイ賭けであろうか。

日常生活において、これほどまでにスリリングな体験はなかなかできない。

なんか燃えてきた…

というふうに自分を盛り上げてみたが、うまく行かなかった。

立ちこめてくる悲観の黒雲。

海上でくもり空をむなしく見上げる自分の姿が目に浮かんで、悲しくなってきた。

しかし。

宿に着いたとたん、私たちを迎えてくれたのは、海辺にかかる虹であった。

この時期、ほんとうにしょっちゅう虹が見えるんです、とガイドさんが教えてくれた。雨期の初期、お天気は非常に変わりやすく、雨が降っては上がり、雲が切れ、さし込んだ日差しに虹が架かる。何度も見られる日もめずらしくありません、ということだった。

ということは、雲が出てもすぐに晴れたりするわけだ！

今回の日食は、日の出と同時に部分食が始まる。朝の日食だ。私が申し込んだツアーは海上の浮島で見るプランだった。ケアンズの港から船で一時間ほどのところにあるので、真夜中の二時頃から「始動」である。前の晩は近所で買ってきたサンドイッチを部屋で食べ、ちょっと物足りなかったのでポテトチップスとビールをやって、早めに寝た。

過《あやま》たず1時半に起床し、着替えて、まちがいなく持参した酔い止めの薬を服用し、ホテルにほど近い船着き場に向かった。

船は何隻もあって、それぞれに日食ツアー客が乗り込み、真夜中だというのに港は真昼のようにごった返していた。

空を見上げると、雲が出ている。

が、雲の切れ間からわずかに、きらめく星が見える。

ぬぬぬ。

微妙だが、希望がないわけではなさそうだ。

ツアー客みんなで船に乗り込むと、各国から、そして地元から、たくさんの人が既に乗り込んでいた。


海は満潮である。

あたりまえだ。食、つまり新月なのであるから、満潮だ。地元では「キング・タイド」と呼び、満潮の中でもグレイトなやつだと船長がアナウンスする。

潮が満ちているということは、イコール、波が高いということになる。

波が高いから、航行中はドアは全部閉めます、デッキには出られません、みんなおとなしくしてろ、的なアナウンスが流れた。

そして、出港。

確かに波が高い。

ぐん、と押し上げられて、どーんと沈む。三回くらいごとに大きな波が来る。ずっと大きいのが続くわけではなく、波にも波があるんだね…などと余裕で考えていられたのはつかの間。

あれ?

気持ち悪くないですか私…

とおもったころには、既に血の気が引いて顔は蒼白、寒気がし、変な汗をかき、ひっきりなしに妙なあくびが出る、という最悪の事態になっていた。

おかしい。酔い止めを飲んだのに。赤道を越えると効かないのか(そんなわけはない)。乗船前に大量に配られたエチケット袋を「そんなの関係ねえ」的な目で見下してすみませんサンタマリア。しかしこれに吐いたら、せっかくの酔い止めも吐くことになる。それはどうだろう。

すでにこれだけ効いてない酔い止めなんだから、吐いたって同じことなのだが、思考回路もすでに混乱気味になり、私は耐えに耐えてぐるぐるしていた。

苦しさの中で窓を見上げる。

窓ガラスを伝って、雨水が流れている。雨が降っているのだ。

なんということだ。これでは日食は見られまい。

食も見られないわ、こんな気持ち悪くなるわ、何しにきたんだオレは。

こんなことならホテルで寝てればよかった。来るんじゃなかった。

泣きたいような胸の中で願うことはただ一つ。

「早く着いてくれ、早く着いてくれ、船を止めろ、表に出たい」

これであった。


しばらくして、船が減速した。

やった！　とうとう着いたのか！

頭よりも身体のほうが先に反応した。ほっと息をつくかのように肩に入った力が弛緩し、
キモチワルサが少しだけ軽くなった。

すると、また船内にアナウンスが流れた。

「時間調整のため、徐行します」

なんだそれ。中央線か。

そうつっこんだ瞬間、またしても私の身体が、頭より先に反応した。

おえっとなったのである。

幸い、エチケット袋を握り締めていたので粗相はしなかったが、あれはびっくりした。

「時間調整のため、徐行」というアナウンスの意味を了解した瞬間「モウダメ、ムリ」的に身体が絶望し、嘔吐したのである。

ふつう、吐くときというのは「気持ちが悪くなる↓吐く」となるはずである。しかしこのときは、「気持ちが悪い」という意識の作用を通りこして、身体が勝手に嘔吐したのである。

なんだか私は、部下に勝手に行動された上官のような気分になった。

オレの身体なんだからオレの言うとおりにするのがスジだろう…

という、取り残された気分になった。

しかし、吐いたらすごく楽になった。部下が勝手に行動することで助けられた上官みたいな気分で、何となく納得がいかなかったが、まあ、ここはよしとしよう、そういうのを受け入れるのも大将の器だよな…などと小芝居が頭の中で続くうち、船はようやく止まった。到着したのだ。

船内ではあろうことか、朝食の準備が始まった。

油っこい匂いが船内を充たし始め、また「うっ」となりそうな感じがしたので、あわてて走ってデッキに出た。

紫色の空、輝く金星。

夜が明け始めていた。

雲は、小さいのが切れ切れに飛んでいるだけだ。

太陽の方角、水平線には雲があるが、その上は、晴れている！

「これはいけるかもしれない」という期待感が、船上の我々の間を駆け巡った。急いでフィルタを取り出して、雲の上に頭を出した太陽にかざす。

部分食が始まっていた。

もう、気持ち悪さなど完全に忘れていた。海風が強かったが、心地良いくらいだった。

部分食の時間は結構長いので、船に乗っていた人は思い思いの場所で朝食を取り始めた。

デッキから、人工の浮島「ポンツーン」が見下ろせる。私は逡巡したのち、敢えて船のデッキから日食を見ることにした。

風がびゅうびゅう吹き、船も揺れる。持参したカメラではろくな写真は撮れない。どうせ足場が揺れるんだからと三脚を持ってこなかったことを後悔した。

それでも部分食は進み、ついに、皆既が始まった。

皆既日食は、金環日食と違い、月の影が太陽を完全に覆い隠してしまう。部分食が終わって「ダイヤモンドリング」が始まる。月の影からわずかに太陽の光が漏れ出る現象だ。これは、部分食や金環日食とは全く違う。

闇を切り裂くような、鋭い太陽の光。

それから、完全に太陽が隠されると、真っ黒な太陽が青い光で宇宙を照らし出している様子が見える。

太陽が出ているとき、私たちは地球にいて照らし出されながらしか、太陽光を感じることができない。だから、「宇宙空間を太陽がどう照らしているか」は、想像することしかできない。でも、皆既日食の瞬間は、わずかにそれを疑似体験できる。私たちは照らされていない。

太陽は宇宙に光を放っている。それがわかる。

そこに宇宙があり、太陽がある、と思った瞬間、自分がいまいる場所もまた「星」であることに気づかされる。

部分食のあいだは姿を消していた金星がふたたび天に輝いている。

私たちは地球という星に暮らしているが、ここが「星だ」と体感する機会は、ほとんどないように思う。

でも、ここは確かに、「星」なのだ。

皆既日食は、私たちがいったいどこにいるのかを、私たちの五感に向かって教えてくれるのである。

真っ黒な太陽が青く燃えるわずかな時間が過ぎ去ると、二度目のダイヤモンドリングが始まる。

このダイヤモンドリングが「最も美しい」と言われている。

太陽の光が蘇る瞬間、古来、人々が「再生」を感じてきた瞬間だ。

一休みして、シドニーへ向かった。

シドニーでは一泊して観光の後、日本に帰る予定だった。シドニー観光は天気にも恵まれ、わりと楽しかった。「ジャカランダ」という紫色の花が満開で、日本の桜みたいなものなのだと教えられた。

バスの中で、ガイドさんの会話から、野田首相が国会の解散を発表したというニュースを知った。

食だ、と思った。

これはもちろん、「因果関係」ではない。

この旅の最中、長年の相棒であるスーツケースの角がつぶれ（叩いたらもとに戻ったが）、ホテルのエアコンは故障しており（フロントに電話したらすぐスーパーマリオみたいなおじさんがきてくれて、エアコンの調整機とおぼしき機械のカバーを外して「ふっ！　ふっ！」と息を吹きかけて治してくれた。ファミコンか。）、ドライヤーも故障していて交換してもらったが、その都度「食だなあ」と思った。これも、因果関係ではない。

「食の影響で」そうなった、というような言い方があるが、少なくとも今のところ、私はそういうふうには考えない。

ただ、そういう事柄に私が出くわし、捉え、そのときに食がある、ということが、美しい風景のようにぴったりくるなあ、と、味わっていたいのだ。

ただそれだけだ。


日本に帰ってきてから、コアな日食ファンが集まる「日食報告会」に参加した。天文学の先生や、長年の日食マニアや、大学の観測チームや、有名カメラメーカーの技術者などがあつまり、おのおのの「日食観測」の結果について語り合う集まりだった。

そこでは、たくさんの様々な写真が紹介された。

大きなスクリーンに、色々な場所から色々な機材で捉えた食が映し出された。

しかし、驚いたことに、そのどれにも、私が肉眼で見たあの日食は、映し出されていなかった。

「あれ」を映した写真は、一枚もなかったのだ。

皆既日食は目で見るしかない、と誰かが言っていた。

ここではじめて、その言葉に得心がいったのだった。

皆既直前、フィルタで見ると三日月のような状態になっている。だいぶ薄暗くなってきているが、まだ肉眼で見たら危ない。

ダイヤモンドリングの瞬間。肉眼で見たのとは全く違うけど、自分の腕ではこれがベストショット。

第2章

国内の旅

京都のくらし

数年前、私は京都に越してきた。

出身は東京、育ちは関東と東北地方を転転としていた私だが、実は大学時代は京都にいた。

ゆえに、かたちのうえでは「戻ってきた」ことになる。

しかし、学生時代に「京都を楽しんだ」覚えは、ほとんどない。

金閣寺にも銀閣寺にも行かなかったくらいである。

今度こそ、京都暮らしを満喫してみたい。

そうだ、京都を旅しているような気持ちで暮らせばいいのでは！

との思いから、「旅日記」で、京都あれこれを書き綴ったのだった。

「そうだ、京都、住もう」的なアレである。

京都のどまんなか

「京都に引っ越しました」と言うと、たいていは「いいですねえ！」と来る。別に良くないのである。

京都は、冬寒く、夏暑い。今は冬だが、ほんとうに、真剣に寒い。私は東京生まれで、青森でティーンエイジを過ごしているが、ハッキリ言って京都の冬が一番寒い気がする。よく言われることだが、北国の冬は、建物の防寒対策が「本気」であるため、けっこうあたたかく過ごせるのである。防寒具も本気の、ガチの仕様のものが売られている。

京都はその点、壁も薄いし、暖房器具もエアコンレベルである。その上、なんとなくいろんな場所が「すーすー」する。夏に合わせて作ってあるためか、通気・換気がいいのだろう。悪く言えばすきま風だらけなのである。「京の底冷え」という有名な言葉があるが、京都は盆地の底であり、寒いと言うより、しんしんと冷えてくるのである。アラフォーの冷え性にはテキメンに辛い。20年以上前に、いまは亡き祖母が一番太い毛糸で編んでくれたミシミシのカーディガンを、10年以上ぶりに取り出して毎日着ている。厚手のレギンスの上にくるぶしまでのロングスカートをはいている。早く春になってもらって「いやあ、京都の春はやっぱり、サイコウですよ！」とドヤ顔をサクレツさせたいものだが、今はまだ、出張の度に「東京あったかいですねえ」と苦笑いしているしかない。

「京都に引っ越しました」というと次に来るのは「どの辺ですか?」である。大抵の人は修学旅行などで京都に来たことがあるわけで、おぼろげな土地勘がある。私が住んでいるのは実は京都の「ど真ん中」と言えるようなところで、京都御所のすぐ近くだ。だから「どの辺りですか?」という問いに「ど真ん中ですよ、御所のすぐ近くで」と応えると、10中8、9は「…。」という怪訝そうな顔になる。

最初、この怪訝そうな顔の意味が分からなかったのだが、しばらくして、はたと気がついた。京都旅行の人気スポットと言えば

・清水寺
・金閣寺、銀閣寺
・嵐山

であろう。これらは、平安京エリアから完全に外れているのである。碁盤の目に区画され

た、御所を中心とする平安京の枠を考えると、これらのスポットは枠に入ってさえいないのである。清水は東の隅っこ、金閣寺は西の隅っこ、銀閣寺は北東の隅っこ、嵐山は西の果てである。「平安京のど真ん中ですよ」といわれても「?・?・?」となるのは当然だ。旅行では、行くことがないのである。居住地としては、このへんはすでに「郊外」のイメージであって、「街」ではない（たぶん）。

京都に旅行して「まずは京都御所にいこう！」という人はいない。確かに、美しい庭園と、春には見事なしだれ桜があり、広大な砂利道をじゃりじゃり2キロくらい歩くことができるが、それだけである。その近くだと言われてもピンとくるわけはない。

では、その「真ん中」はおもしろいのか。

私が思うに、結構面白い。

ただ、地図を持たずに歩くと大抵、迷子になる。「京都は碁盤の目ですから、迷子になることはありません」と言われるが、実際は、道を歩いているといろんな人に道を聞かれる。おそらく、碁盤の目である上に、街は細かく、小道の中に入ってしまうとランドマークがないか、あっても小さくてみつけにくいため、そうなるのだ。

もちろん、京都の道は有名な「河原町通、三条下る」などというふうに、南北と東西の道の名前で、X―Y座標のように位置を特定できる、ことになっている。しかし、細い筋に入り込むと、一体自分が今どの通りにいるのか自体がわからなくなるのだ。

あるお店の人に聞いたら、「昔は、仁丹のおじさんがあったからねえ」と言う。仁丹のおじさん。意味が分からなかったので聞き返すと、お店の人は、向かい側にかろうじて残っていたものを指さした。かつては街の至る所に、この、仁丹の看板と一体化した「通りの表示」があったのだという。今は仁丹もこの看板も廃れ、結果、迷子事件が勃発するようになったのだそうだ。がんばれ、行政。

さらに、河原町通や四条通などの繁華街は別として、京都の小道は、夜は暗い。街灯はささやかで、日が落ちると、吸い込まれそうな闇となる。しかし、暗いが「何もないわけではない、どころか、結構いろんな店がある」からすごい。お店の前に来るとようやく、中の抑えた灯りと、控えめにライトアップされたちいさな看板が目に入るのだ。お店のエントランスから数メートル離れると、普通の民家と同じで、お店のようにはとても見えない。そんな店が、道のあちこちにあるのだ。歩き始めは「こんなまっくらな住宅街にお店なんかないだろうな」と思っていたら、数百メートル歩き抜いたところで「この道、ほぼ、飲食店街じゃねーか！」となるのである。

「旅行」だと、目的地があって、時間制限があって、ルートがある。しかし、住んでしまえばそういう制約は少ない。今日しくじっても、明日か明後日取り戻せるのである。だから、迷子も楽しめるし、目的地も特に設定しないでいられる。そのため、私は学生時代4年間京都に住んだにもかかわらず、銀閣寺も金閣寺も伏見稲荷も、ついに行ったことがなかった（20代後半に、旅行で行った）。「いつでも行ける」は「結局行かない」でもある。「いつでもできる」思想は、勉強や仕事や恋愛や結婚や出産などにもつうじるところがあり、恐ろしい。

仁丹のおじさん。昔はこの看板がそこら中にあり、「今、どのとおりのどこか」はすぐに解ったのだそうだ。

万物は流転する。今回、京都在住がどのく

らいの長さになるのか、あるいはここに骨を埋めることになるのかは私にも解らないのだが、大学時代の反省もあって、「住んでもいるけど、旅行気分でもいよう」と、中庸を保つことにした。なのでとりあえず、外に出るときはカメラを持つようにしている。仁丹のおじさんもそれで撮影が叶った。

もう一枚の写真も、現在住んでいる部屋の近所の風景だ。先々週くらいにぶらぶら歩いていたら、突然発見した。私は星占いを商売にしているので、こんなものを見たら「はっ」としないわけにはいかないのである。これは一見、ただの穴ぼこだらけのオブジェだが、星占いオタクや天文ファンなどが見ればすぐに「日食だ」とわかる。

この日食のオブジェは「宇宙の時間 ― ゴールドリング・煌」というタイトルで、野村仁さんという人が制作した。２０００年3月と銘打ってあるので、奇しくも我がサイト「筋トレ」と同じ時に生まれたことになる。すごい（個人的に）。

しかし一番すごいなと思ったのは、これが位置している場所である。

河原町御池の交差点、北西の角。河原町通といえば、京都市内で一番大きな繁華街と言えるだろう。修学旅行に来たらここでお土産を探さないわけにはいかないはずだ。御池通と河原町がぶつかるところには、古めかしくも美しい、京都市役所の堂々とした庁舎が建っており、東隣にはその建設当時、大問題を巻き起こした京都ホテルオークラがどかーんと立っているのである。なぜ大問題になったかというと、そんな京都のどまんなかみたいな目立つところにでかいビルを建てたら、京都の景観が損なわれるじゃないか！　というツッコミが入ったのである。でも、資本の力はゴーイン・マイウエイ、大きなホテルが建った。キレた京都の仏教界は、しばらくこの宿泊客を「ウチの寺には入れん！」と拝観拒否した（いまはそんなことない）。

このホテルの斜め前に当たる付近に、「変」といえばここというくらいに有名な本能寺がある。織田信長がここで死んだという、衝撃的な歴史スポットなのだ。修学旅行ではたぶん、ここにも来るはずだ。

「ゴールドリング・煌（きらめき）」。「宇宙規模の時間の流れの中で確実に進行し後戻りしない時間を象徴しています」という案内板がついている。

本題から逸れた。

この金環日食のモニュメントの何がすごいって、観光都市・京都の、そんなハデな場所に、「金環日食のモニュメント」がある、そこがすごいのだ。立地がすごいのだ。普通に考えたら、そんな銀座でいえば数寄屋橋交差点みたいな場所なら、歴史的ほにゃららとか、土地にまつわる銅像とかを作りたくなるんじゃないだろうか。それが、日食なのだ。宇宙なのだ。「なんでやねん！」と小さく突っ込みたくなるのが人情だと思う（個人的に）。


例えばテレビ番組では、ドラマでもバラエティでもなんでもそうなのだが、「時間の流れ」を表現するとき、必ずといっていいほど「月の映像」を流す。気をつけて見ていると「それから三ヶ月」などというナレーションのバックはかならず、月である。月齢はさまざまだ。満月もあれば半月もあるが、とにかく時間の経過は判でついたかのように「月の映像」なのだ。

京都の街を歩いていると、私はいつも「関東大震災がなくて、東京大空襲もなかったら、東京もこんな感じだったのかもしれない」と思う。京都は空襲を免れた。ゆえに、古い建物がたくさん残っている。ガイドブックなどで紹介される京都の建物と言えば、寺院と「町屋」と呼ばれる古い木造の商家や民家だが、先に挙げた市役所や府庁をはじめ、レンガと石で作られた美しい西洋建築もたくさん残っている。三条通を河原町からずっと西へ歩いていると、そんな古いビルにたくさん出くわす。

日本は木と紙の国であり、ゆえに火災が多く、加えて地震や台風などの災害にさらされ、さらには戦火に焼かれた国だ。だから、「時間」はイコール「変化」と言っていいくらい、変わらなかったものが少ない。京都は、京都という特別な土地であるという以上に、奇跡的に「時間を耐えて残っている日本」なんだろう。

太陽、月、星は古来、暦の根拠となり、時間そのものだ。昼があって夜がある。私たちは太陽の24時間を生き、月の一ヶ月を生活している。それが連綿と取り結ばれてきているということを、私たちはけっこう、感覚していない。過去と現在はその都度、切り離されていくように感じている。

京都のこんな街中に、食のモニュメントが置かれ、「星の時間」がうたわれていることは、そう考えてみると、誠に似つかわしいことのようにも思えて来るのだ。

京都でお正月

私は主に関東地方と東北地方で育ったのだが、関東・東北の正月はわりと似ている。鏡餅も、正月飾りも、お雑煮も、似たようなもんである。鏡餅にはミカンをのっけるし、お雑煮はかけそばのつゆのような感じで、そこに鶏肉だの野菜だのが入り、三つ葉がのっていて、四角い餅を焼いて入れる。正月飾りは主にしめ縄、門松であるが。

京都ではこれがぜんぶちょっとずつ違うのである。

まず、お雑煮は、白味噌丸餅である。
京都の親族の家庭は高齢化しているため、私が台所に立ってお雑煮を作るのだ（無謀）。関東風のお雑煮の作り方なら知っているのだが、関西風ってどうやるんやろ…と言葉だけマネしても始まらない。教えてもらったところによると
「ただお味噌汁を作ればええの。大根とにんじんを切って入れて、そこに焼いたお餅を入れ

るだけやから」

まじか。

東京や青森では、大晦日からお雑煮用のおつゆを、あれこれ入れて作っていたような気がするが…。

ともあれ、言われたとおりにするしかない。

まず大根とにんじんを切る。

にんじんは普通のにんじんではない。金時にんじんである。真っ赤な、直線的な形状をした細めのにんじんである。濃い朱色の金時にんじんは非常に美しい。ずーっと見ていたいような、紅蓮である。

にんじんは細いので薄い輪切り、大根はさすがに輪切りとは行かず、銀杏に切った。で、これを鍋に入れて水を張り、火にかけた。

そして今度は餅の準備である。丸いお餅をトースターに入れ、じりじりと焼いていく。

しばらくして鍋が沸騰して、にんじんと大根に火が通ったので、赤いアクをちょっと取り除いてから、白味噌を入れる段になった。

未開封の味噌（普通のビニール袋入り）を手にとり（この家では正月以外は白味噌など使わないのである）、横っ腹の但し書きを見ると

「白味噌のお味噌汁は、お味噌を多めに入れると美味しくできます」

とある。多めにいれるのか。いいことを聞いた。

ばつっとハサミで封を切り、お玉に思い切ってぐいっと山盛りにとって、溶かした。溶かしきって味を見てみると、

「…おいしくない」

薄い。これはもっと激しく入れろということなのか。しかし、第一陣でもけっこう思い切った量を入れたのに、大丈夫だろうか。でもまあ、もしダメならお湯で薄めればいいか。

更に味噌を足して味見をすると、

「…なんかまだ、ものたりない」

しかし、ここまでかなりの量を入れているのである。普通の味噌汁ならもう、嫁が姑にいびられるを越えて「私を高血圧で殺す気か！」と鍋のナカミをぶちまけられるレベルではないかと思われる。本当に大丈夫なのだろうか。

そそも「ただの味噌汁に丸餅を入れて雑煮」というその点がおかしいのではないか。言わな

くてもアタリマエでしょそんなこと、を、私がやっていないから「薄い」のではないか…と思ってもう一度確認したが、何度聞いても「ただのお味噌汁」回答。

今の私にできることは、味噌を足すことだけである。

ヤケクソで、足した。

そして味見。

「おお…なんか、ウマイ！」

甘くてこっくりした、イイカンジのつゆができあがった！　味噌汁というより、白味噌のおしるこみたいな感じだ。そう思ってみれば、あの味噌の量も納得がいかないでもない。

後で聞いたら、昔のお雑煮は「もっと甘かったような気がする」とのことで、たぶんお汁粉に近い感覚の「白味噌」なのだろう、と思った。柏餅にも「みそあん」ってあるもんな。あれだあれだ。

初めて自分で作った京都のお雑煮はそんなわけで、なんとか成功した。

あとで調べたら、京都のお雑煮は、丸餅は焼かずに煮るので、大根は輪切りで、あと、海老芋を入れるのが正式、とのこと。親族宅の流儀は一般的なのかどうか解らないのだが、あえて突っ込まないことにした。

話が前後するが、年末。

家々の玄関に、正月飾りが飾られはじめる。

玄関の上の所に飾るのは「しめなわ」で、華やかな紅白の飾りのついた、藁を縛ったようなやつが普通である。関東・東北ではみんなそれだった。

京都でも「しめなわ」を飾っている家もたくさんある。が、それ以上に、ちょっと地味な、しめなわとは違った、開きかけの扇のような形状のものが目立つ。散見される。あちこちにある。あそこもここもそれだ。

「なんだろうあれ…京都式のしめ縄なのかなあ」

と思って、珍しがって写真を撮っていた。

調べてみたら、これはしめなわではなく、祇園祭で手に入る「ちまき」なのだった。といっても、ナカミは食べられないらしい。昔は山鉾（祇園祭で練り歩く山車のようなもの）からこの「ちまき」を、節分よろしく投げていたそうだが、あるとき見物客が取り合いでケガをしたために、今は投げないで、普通に購入する。でも、どの山鉾のちまきか、ちゃんと名前が書いてある。

このちまきの由来はこうだ。その昔、八坂神社の祭神が宿を求めたとき、富豪であった「巨旦」は断ったが、その弟「蘇民将来」の家が丁寧にもてなした。祭神は宿を断った一族を滅ぼそうとしたが、その際、もてなした蘇民の子孫に害を与えないため、目印となるよう「茅（かや）のわっか」を身につけなさい、と教えた。この茅のわっかが、「ちまき」になって、厄除けとされたのだそうだ。だからちまきには「蘇民将来の子孫です」という意味の言葉が書かれているらしい。

それは…いわば「ウソ」では…。

いや、巨旦の一族でないことが証明できればいいわけである。巨旦の一族は全滅させられたのであるからして、今生きているということは、巨旦の一族である

ちまき。ここは2つかざっていたが、たいていは玄関の上に1つ。右の「長刀鉾」というのが、一番人気らしい。

わけがないのだから、目印を飾っても、全くのウソということにはならない。だろう。まあ、それならばちまきだけでいいわけで「子孫です」の文言はハッキリ言って「やりすぎ」だと思う。

ともかく、そういうわけで、厄除けとして正月にこの「ちまき」を玄関先に飾ることになったのだそうだ。

祇園祭は7月だから、7月に手に入れたものを大事にとっておいて、正月に飾るというところに、味がある。お祭りごとはたいてい、クリスマスでも正月でも「そのとき」だけで盛り上がるものだけれど、時間をおいてお祭りごとを「つなげていく」というのが面白い。暑い盛りの祇園祭の頃に、京都の人の心には、ひんやりしたお正月の風景が微かに浮かぶのだ。

さらに、鏡餅。

これも、京都の鏡餅はひとあじ違う。

ぱっと見でだれでもわかる、このインパクト。

この横に長いのは「古老柿」といって、干し柿を串刺しにしたものである。この写真は錦市場の金物屋さんの店先にあった立派なものだが、似たようなのが親族の家にもかつて、飾られていた。

初めて見たときは「たぶんこの柿は、刀的なものを象徴しているのであろう」と考えた。床の間に刀剣を飾るようなイメージである。

しかし、この柿はなんで飾るのかと親族に聞いても「なんでやろなー、わからへんわ」といわれた。で、例のごとく調べてみたら、…諸説あるらしい。外側に2個、内側に6個刺して、「外はにこにこ、中むつまじく」と語呂合わせだとか、長寿をねがうものだとか。とにかく、刀剣ではなかった。がっかり。

同じ鏡餅でも、この干し柿がばしっと横に貫かれているだけで、なんとなく「本格的」な感じがする。厳かなような、聖なる感じが醸し出される。うっかり触ったり出来ない、威風堂々という感じになる。鏡餅は縦方向に積み重ねられている、上下を意識させる構造に

鏡餅。ショウウインドウの中のものをガラス越しに撮ったのでちょっと変な感じかも。かなり大きなものだった。

なっているが、この柿が入ることで、左右への広がりを意識させられるのだ。その場を「制している」という雰囲気が出る。さすが京都。

と、これは単なる私の妄想である。

お年賀もにぎにぎしく終わり、親族の家を後にしつつ、初詣にでもいこうかと考えた。よく考えたら過去数年、毎年のように喪中でお参りができなかったのだ。

しかし、北野天満宮だろうが八坂神社だろうが、正月の京都の神社なんかどこも観光客でいっぱいに違いない。やっぱり早々と部屋に戻って昼から酒を飲み直しお笑い番組を…と思ったのだが、せっかくなので、御所を散歩してから帰ることにした。

京都御所のまわりは砂利で覆われていて、ぐるっと回れるようになっている。元日から走っているランナーもいるが、比較的人の数は少ない。

御所の中に小さな神社があったので、お参りした。

こぢんまりしているが、さすがに御所の中にあるだけのことはある。ぎゅっと濃密なきらびやかさと厳かさで、自然と頭を下げたくなる雰囲気が漂っていた。

二礼二拍手一礼、お賽銭、がんがらがら(順不同)、とやってから、脇の社務所でおみくじを引くため、列に並んだ。といっても、私の前には一人のおじさんだけだ。おじさんはあの六角形の筒をじっくりがらがら振って、棒を出し、番号を宮司さんに伝えた。すぐに宮司さんは奥からおみくじの紙をぺらっと持ってきて、おじさんに渡した。するとおじさんは「アカン、凶や」と頭をかかえた。

しかし、おじさんがそう言い終わる前に、宮司さんがすばやく、断固たる口調で「凶は悪いことないんですよ、それ以上悪くなることないから、あとは上がるだけやから」とキッパリ言い渡した。反論できないくらい強い口調に、おじさんは「そ、そうやな」と若干ひるみ気味に納得した。そのきっぱりぶりに、プロ意識を感じた。そうだ、正月早々、人をがっかりさせたりしないのが宮司の気合いだ。

しかし、直前に「凶」。ちょっと怖くなるのが人の常で、私がビビりながらくじを引くと、「半吉」であった。読めば、前半はよくないけど後半はすごくいい、とある。

前半…悪いのか…やだな…。

いや！　そんなこと言ってる場合ではないのである！　占いなんか気にしないで、陰ひなたなく頑張るぞ!!（やけくそ）

あこがれの京野菜

夕飯の用意のために行ったスーパーの中で突然、覚醒した。

せっかく京都に来て、再来とはいえまだおのぼりさん気分が抜けないのに、ちゃらちゃらしないでどうする！

そうだ、京都に来たんだから、何か京都らしいことをしたい！

そう胸に叫んだとき、目の中にそれが飛び込んできた。


万願寺とうがらし。

袋一杯に詰まったそれが、１６８円。

ボリュームに比して、安い。

これがピーマンだったら間違いなくお買い得だ。

しかしこれはいったい、なんなんだろう。とうがらしというからにはからいのかな。でも
もしトウガラシレベルでからいのであれば、こんなふうにピーマン的ノリで売ってるだろう

か。いや、もっと控えめなボリュームで販売されているに違いない。きっとししとうレベルには、普通に食せるものにちがいない。

そう、京都と言えば「京野菜」である！

旅行に来ても、キッチン付きの部屋とかを無理して借りなければ「京野菜を料理して食う」ということはできない。

人様に料理してもらった京野菜を食べるのもいいかもしれないが、野菜を「体験する」ならば、まず自分で市場価格や流通具合を体感しながら購入し、おそるおそるナマでちょっとかじってみて、「しぶ！」とか「からい！」とか「苦い！」とか声を上げてみて、それからおもむろに調理法を考えて料理してみて、失敗したり成功したりしながら食べる、というのが本当の「野菜体験」ではなかろうか。

そうだ

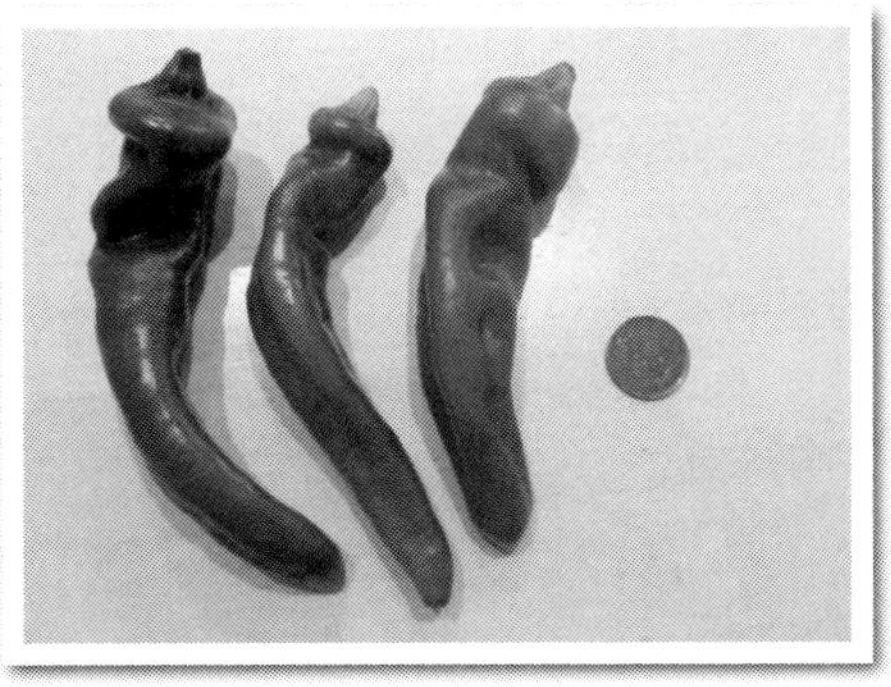

ちょっとライトが暗いところで撮ってしまったので見づらいかも。万願寺とうがらし。十円玉と並べるとこんなサイズ。

これだ。

オレはこれをやる。


私は、決意した。

これからは、スーパーで見かけたらもう、積極的に京野菜を買おう。

そういう目でよく見ると、けっこう普通に、スーパーで京野菜は売られているのだ。レンコンが4本しか売ってないのに、あのまるいメロンのような形状の大根（名前は分からん）がどかどかと積み上げられて、百円前後で出ていたりする。東京ではついぞ見かけない不思議野菜が、お気楽な値段で手に入るのだ。

おおお、これこそ京都ライフの醍醐味。

私の目の前に、輝かしい未来がひらけた（オオゲサ）。


で、万願寺とうがらしである。

目の前に山積みになっていたそれを、私は掴んだ。

しかしふと見ると、隣に、ほぼ同じ形状の「伏見とうがらし」が、同じ値段で同じ袋に詰まって、売られている。

これは違うものなのかな…。

まあ、いい。

とりあえず「万願寺」っていう名前がカッコイイので今日はこれにしよう。ご縁があったら、こんど伏見のほうもやってみよう。

というわけで、私は万願寺とうがらしをゲットした。


しかし、調理法の解らない野菜を思いつきで買ってみるなんて、初めての経験である。私は何度も書いているように筋金入りの臆病者なので、食べたこともなければ触ったこともない野菜を、レシピも思い浮かばないのに購入するなんて大それたことは、未体験ゾーンだ。

とりあえず家に持ち帰り、おそるおそる袋を開いて、緑のそれを出した。

「とうがらし」のイメージからすると、かなり大きい。むしろ、スリムなピーマンというのに近い。肉厚で、ぴちぴちしている。

私はこわごわ、しっぽをかじってみた。

辛くはない。というか、ピーマンの苦くないやつだ。ナマでも十分、食べられる感じ。おおお、これ、ウマイかもしれない！　料理すれば凄くウマイかもしれない！

でもどうやって？

私は冷蔵庫を見た。豚こまとキャベツがある。長ネギもちょっとある。

…炒めるか。


ほぼピーマンと同じような取り扱いで、炒めてみた。味は塩コショウ、オイスターソース、酒、醤油、はちみつ等を適当に振りかけた。

そしておそるおそる食べてみると…ごはんが進む君！　ウマイ！

歯ごたえがしゃきしゃきしていて、食べてる感がしっかりある。味にいやなクセがないので、どんどん多べられる。

万願寺とうがらし、イケる！


で。

ここで満足してはならない。

「京野菜体験」をするならば、「買う・料理する・食べる」の他に、やはりこのネーミングの由来とか、サイドストーリーを知らねばなるまい。

こういうことは、「物語性」が大事なのである。

というわけで、ネットで「万願寺とうがらし」を調べてみた。

「万願寺とうがらし：

大正末期に伏見とうがらしと外国系大型とうがらしである『カリフォルニア・ワンダー』の交雑種として京都・舞鶴の地でうまれ、同市内の万願寺地区で作られていたものでこの名がついた。」

「京都府が京都の伝統的な京野菜をアピールするために定めている『今日の伝統野菜』を指定し、広く京野菜の指定第一号品目の一つである。」

Ｂｙ・ウィキペディア。

カリフォルニア・ワンダー……。

キャベツと万願寺トウガラシ炒め。見た目は地味だけどウマイ。

まあ、いい。京野菜はたくさんある。他にももっと、深窓のお姫様みたいな特別な野菜を、ばんばんみつけることができるさ！

そうだ、あの有名なにんじんを今度食べよう！　前に東京のスーパーでバカ高いのを見たことがあるやつだ。京都のにんじんらしいから、きっとこんなふうに簡単に手に入るはずだ！　ふつうのにんじんはいわば「オレンジ色」だけど、あのにんじんは「朱色」みたいな色なんだよな。まっすぐな直線的形状で。あれはどんな味がするんだろう。地元ではどんな名前で呼ばれているのかな。

そんなふうに妄想しつつスーパーを探検していると、近所の主婦とおぼしき中高年の女性が、スーパーの店員さんに親しげな調子で、バリバリの京言葉でこう言うのが耳に入った。

「あの、赤いにんじんある？　あかいにんじん！」

あかいにんじん。直球ストレート。

リベンジ（?:）のために次に買ったのは、賀茂茄子だ。

このまるい美しい茄子を、是非食べなければならない。普通の茄子よりもちょっと比重が重たいような気がする。ぎゅっと中身が詰まっているのだ。

「持ち重りがする」というやつである。しかしまあ、茄子は茄子だよね、と思い、ふつうに味噌炒めにしてみた。

すると。

固い。

ぎゅっぎゅっという歯触りがする、これはたぶん、ちゃんと火が通ってない。

けっこう長いこと炒りつけたつもりだったのに、中はあたたかいけど、生な状態だ。食べられなくはないけど、美味しいとはいえない。

多分、普通の茄子よりも肉の密度が高いため、かなりしっかり火を入れないといけないのだ。例によってネットで調べたら、「まったりとした味わい、とろけるような口当たり」とある。しっかり火が入ったら多分、とろっとくるのだろう。確かに端っこの方は何かそういう感じだ。むし

賀茂茄子。とてもうつくしい。

賀茂茄子味噌炒め。これが奥歯にしゃきしゃき来るなんて（涙）見た目はアレだけど味付けは大丈夫だった。次回に期待。

ろ全体にこうなってて欲しい感じがする。

ぬぬぬ。

お味噌の味でなんとか完食はできたが、これでは全く消化不良である（いろんな意味で）。

これは本当にリベンジせねばなるまい。

ネットで調べたページのすみっこをふと、見ると、旬は「夏」とある。

もう11月やん。たぶんシーズン最後の茄子だったのかもしれない。

リベンジは来年まで、お預けかもしれない。


京の「いけず」にも似たこの感じ…。なんかしみじみ悔しい。

京野菜の達人への道は、まだまだ遠い。

…っていうか普通の料理もあんまりうまくないのに何をナマイキ言っとるか、なのである。

精進精進。

京の住宅事情

私は生まれてから今まで、18回の引越を経験している。そも、生まれたその日が引越の日だった。父親は新しいアパートへの引越に精を出しており、母親は病院で陣痛に唸り続けたあげく、夕方私が生まれた。それからというもの、4年以上同じ家に住んだことがなかったのだが、ここ6年はめずらしく安定していた。しかし。国分寺に落ち着いてから6年目の今、まさかの19回目の引越話が持ち上がった。親族の事情で、京都に住むことになったのである。

私は大学生の時、京都に4年間住んだので、いわば「戻る」ことになる。だから、土地勘もそこそこあるし、それほど抵抗はない。

だが、今回の「家探し」で、知っているつもりだった京都の新しい姿をみた。学生時代の部屋探しは、ワンルームだし、大して特徴もない。最後なんかは私設の女子学生寮に住んだりしたので、京都の住宅事情など知るよしもなかった。

しかし、今回。オトナになった私は、京都の「目に見えない地図」をしっかり目の当たりにしたのだった。

探していたのは賃貸マンションである。

しかし昨今では、京都の「町屋」と呼ばれる、古い木造の細長い家が大人気なのだそうで、出てもすぐに買い手や借り手がつくんだそうであるが、今回も1軒出てきた。

2階建ての木造で、やはり細長く、奥に小さな庭がある。「京都らしいと言えばまさに京都らしい物件です」と紹介された。家賃はたしか、17、8万くらいだったと思う。

びっくりしたのはその「築年数」である。

中古や賃貸の部屋を探すときは必ず「建ててから何年建っている物件か」をチェックし、たいていは古いほど安い、ということになっている。たとえば「平成2年築」だと建ててから20年以上経っているわけで、相当古いが、バブル期の建築物なので、妙にきらびやかだったり、作りが重厚だったりするのだ。「平成9年築」とかだと、新しくてこぎれいだけどなんとなく軽いイメージがあったりする。

この町屋物件の建築時期を見ると、なんと「不詳」。

年齢不詳。

誰がいつ建てたのか、もうわからないのだ。

こうなるともう、築年が若いとか古いとかそういう問題ではない。むしろ「不詳」こそが売りとなっているわけだ。昨今はやりの「美魔女」みたいなもんだ（いやどうだろう）。同じ4LDKくらいの普通の賃貸マンションが20万前後だったから、年齢不詳でもぜんぜんイケていて、かつ、人気があるというのである。京都以外の土地でそんな取引成立するのだろうか。ない、絶対。

恐るべし、京都。

しかし、私が満喫したいのは、エコでナチュラルな京都町屋暮らしではなく、ナウでアーバンなマンション暮らしである（どんなだ）。

本が山ほどあり、ライフスタイルは机の前に地蔵のように座ってパソコンを叩き続ける感じで、基本的に面倒くさがりで、云々、という条件をいくつか挙げて、候補となりそうな物件を紹介してもらい、車でぐるぐる回って見せてもらう、という部屋探しの通常フローをたどっていった。

すると、おもしろい事に気がついた。

普通なら、家は「南向き」が最高で、次が「東向き」である。

でも、京都には、「五山の送り火」というものがある。「大文字」とか呼ばれているあれだ。

山肌に「大」とか鳥居のマークとか、「なんでそうなったんだ」とツッコミたくなるような形に火を燃やしてそれを見る、というお祭り的なイベントがあるわけだが、これが見られる物件、というのが大人気なのである。

だから、ベランダからこの5つの送り火の1つでも見られるものなら、そのことはかならず物件のチラシに大きく書き添えてあるのである。いわば、ステータスなのだ。

さらに、北側の山が美しく、御所も北にあり、また、東側には鴨川が流れているため、多くの場合「北東向き」がもっとも優れた眺望となる。

さらに、西の方にも二条城やら本願寺やら緑が溢れ、こちら側には高い建物が少ないため、ぱーんと開けた眺望になっている。

そんなわけで「物件は南側ベランダが文句なしの優勝」ではないのである。

さらに。

京都と言ってイメージするのは、御所を基準としたいわゆる「平安京」であるが、この小さなエリアに、実に細かい「金額の段差」が存在する。基本的に、西と南が安く、北と東が高い。鴨川から烏丸通まで、四条から今出川通まで、の、箱の中が、もっともお高い、のだった。これを「田の字地区」と呼ぶ。

シロウトから見ればわずかな距離の差で、家賃が何万も変わるのだから驚いてしまう。なにがちがうんだ、一体。

お店の人によれば「そうですねえ、イメージなんですかねえ」ということだった。相場だのものの価値だのというのは、ほんとにあやふやなものだ。しかし、あやふやなくせに、なかなか壊れない。何世代もそのイメージを引き継いでいる。昔は確かに、その辺りの治安が良くなかったり、なにか問題があったりしたのかもしれないが、もう誰もそんなの覚えてないし、見た目一緒だし、ということであっても「あっちよりこっちのほうがハイグレード」的な感覚が風化しきらないのだ。それで、金額に差が出る。

また、引越と言えば気をつけなければならないのが生活動線である。私の場合は通勤がないから駅からの距離は気にならないのだが、スーパーやコンビニが近くにないとやはり、暮らしづらい。

しかし上記の「平安京の中」には、ヨー◯ドーやイ◯◯ヤや西◯やダ◯エーなどの大規模スーパーがほとんどない。土地がドットのように細かいせいか、法律のせいなのか、詳しくは解らないのだが、スーパーはあってもごく小さな規模のものしかない。

現在もその事情は大きく変化していないようだが、あの頃なかったモノがそこにあった。それは「フレスコ」である。京都の「フレスコ」は、東京のセブンイレブン並みにある。乱立している。物件のチラシにお約束のように出てくる「フレスコからＸＸＸメートル」「フレスコまで徒歩◯◯分」の文字。24時間営業の店さえいくつもあるのだ！　私が暮らしていた10年以上前にはそんなものはなかった。

この光景は何となく見覚えがある…そう、ハワイのＡＢＣストアだ。

ハワイに行けば、三歩歩くとＡＢＣストアにあたる。お土産、食品、化粧品、何でも売っている雑貨屋だ。ハワイに旅行して日本に帰ってくると、ドラッグや食べものが欲しくて気軽にＡＢＣマートに入ってしまい、そこで靴しか売ってないことに驚くくらい、ハワイはＡＢＣマート、ちがった、ＡＢＣストアだらけなのである。

京都はいわゆる「京間」で畳の大きさが違う。

京都は日本でもダントツに礼金が高い。

更新料もけっこう高い。

古い建物も多く、建物が密集しているため暗い部屋が多い。

山が近いのでわりとお天気が不安定。

冬は「底冷え」、夏は「盆地だから蒸す」。

等々、京都ならではのいいんだかわるいんだかわからない特徴はたくさんあるのだが、「京都に引っ越すことになりました」と言うとほとんど例外なく
「いいですねえ」

と言われる。

なんでやねん。なにが根拠やねん。

それでも今回、京都でぐるぐるしてみてなんとなく
「抵抗がない」

と感じている自分に気づいた。

前述の通り、私は引越に引越を重ねた根無し草であって、
「ご出身はどちらですか」
とか聞かれるとしばらくフリーズしてから
「う…生まれたのは東京です」
と答えるような境遇で育ったわけだが、こうして京都に戻ると思うと、なんとなく
「ああ、故郷っていうのは、こんなかんじのもんなのかなあ」
と思ったりもするのだった。

1日で見つかるわけもないので、ホテルに泊まって住処を探し回ったのだが、その泊まったホテルで夜中、火災報知器が鳴り響いた。

なんだなんだなんだ！

と飛び起きると、すぐに館内放送が流れ、誤報だったことがわかった。

しかし。

その後20分くらいも、ぴーぴーぴーぴーとアラームが鳴り続けた。

たまらずフロントに電話すると、廊下側の防火扉が閉まってしまい、これを開けないとア

ラームが止まらないのだが、扉を開ける作業に時間がかかっている、とのことだった。

防火扉を開ける訓練なんて、しなかったのかもしれない。

訓練は確かに、火事のためにやるもので、誤報のための訓練って、なさそうで、やっぱりないんだろうと思った。

翌朝出がけに誤報の理由を聞いたら、「バスルームで湯気が出過ぎて、それを煙探知機が感知してしまったらしい」とのことだった。

湯気って…水だよね。

そうか。そうなのか。世の中は不条理だ。


ホテル一泊といえども「暮らし」である。

「住む」「暮らす」ということはこのくらい、何が起こるか解らないのである。

やってみないと、どうなるか誰にも予測できない部分があるのである。

占いの場でも、「引越」のテーマはしばしば出てくる。

今引っ越すべきか、家を買うべきか、転居すると子供が転校することになるがいじめられないか、親と同居して上手くいくか、ｅｔｃ…。

今までいろんな部屋に住んだけれど、結局「住めば都」なのである。

でも、その生活に関わる人々との交流については、なかなかそうはいかない。

さらに、そのことは、しばらく住んでみないと決してわからない。


「一番肝心なことが、どうなるかわからない」という状態で、人は、大事な決断をどんどん下して生きている。

その決断の際、「失敗しない」ことを大目標とする人もいれば、失敗を楽しもうとする人もいる。賭けの感覚だったり、勝ち負けを競うゲームの感覚だったり、あるいは、清水の舞台から飛び降りるような気分だったりする人もいるだろう。

部屋を探しながら、大切なのは、自分の「最優先事項」を知ることだと思った。これには、案外気がつきにくい。今日も引越業者に見積もりに来てもらったのだが「何で弊社に見積もり依頼をいただきましたか？」と理由を聞かれて、

「うーん…ネットで探したら、上の方に出てきたから」

と答えてみたのだが、しばらくして
「あっ、そうだ、いくつかサイトを見て、御社が一番盛りだくさんかつ解りやすかったんで

す！」

と、言い直した。

自分が何を基準に選んだのか、記憶していなかったのだ。

「自分の最優先事項」を知っておくことは大切だ。

しかしもうひとつ、ものすごく大切な事がある。

それは、自分の「最優先事項」に縛られないことである。

これに縛られると、突然目の前に現れた、予測もしないスペックの「自分でも気づかなかった、本当に欲しいもの」を逃がしてしまうことになる。

「これがほしい！」「これは私の状況にぴったりの条件！」と思ったのに、それを手に入れてもあまり使わなかった経験が、だれにでもあると思う。

それと同じくらい、

「全然そのときの優先事項に合わなかったんだけどどうもそれが気になって、買ってしまったら、結局すごく自分に馴染んで使い続けてる」

というものもあるのだ。

恋愛はそういうことが起こりやすい分野で、「全然タイプじゃない人と結婚して幸せになった」みたいな話はほんとによく聞く。

部屋とか、服とか、進路とか、なんでもそうなのだが、自分が何を欲しているのかを知ることは大事だが、それに縛られず、出会ったときに目の前にあるものを「はねつけない」自由さも、とても大事なのだ、と、私は思っている。

観光的京都

祇園祭

祇園祭に行ってきた。

と書きたいのだが、これがたとえば「ねぶた祭りに行ってきた。」ほどには単純ではない。祇園祭は言わずとしれた京都の夏祭りで、そのクライマックスである「山鉾巡行（大きな山車が、街を練り歩くアレ）」は全国版のニュースでも紹介されるほど、有名である。が、実際の祇園祭というものは、一日二日のイベントではなく、ほぼ七月いっぱいをついやして行われる、非常に長丁場のお祭りなのである。

映像で切り取られる山鉾巡行のシーンだけ見ると、山車のようなものが練り歩いて、それを観光客が見上げているだけのイベントのように見える。

だが、実際には「宵山（巡行の前日）」「宵々山（その前の日）」「宵々々山（その前の前の日）」あたりが最も「お祭りらしいお祭り」の時間帯だ。この三日ほどは、夜、京都のメインストリートが露店に埋め尽くされるのである。クリスマス当日よりクリスマスイブが盛り上がる、みたいな感覚が、この「宵山」にはある。

そして、「宵山」の次の日が「山鉾巡行」。これを見た人がもっとも確信を持って「京都で祇園祭に行ってきた」と言えるのかもしれない。しかしその後も更に、御神輿を担ぐお祭りが続き、月の後半にも「花傘巡行」などがあり、月末にもお祭りがあり…と、一ヶ月全部のスケジュールを総称して「祇園祭」なのである。

だから「祇園祭に行ってきました」と言っても、どの日の何を経験したのか、ということを詳述しなければならない。でないと「木を見て森を見たと言う」状態になる。

私は16日・17日の夕方に、少しだけぶらついてきた。

「宵々山」「宵山」で、いわば、クリスマスイブのイブみたいなものである。16日は、夕方もまだ明るい時間だったので、例の「コンチキチン」のお囃子も聴かず、ただ動かされる前の山鉾をいくつか見て、道を埋め尽くす露店を見て、さらに、みっしりと道を埋め尽くす観光客の姿を見ただけである。
が、日ごろ仕事部屋からほとんど外に出ない隠者のような生活を送っている私には、それだけでお腹いっぱいであった。

京都のビジネス街は「烏丸通」である。このだだっ広い道はしょっちゅう渋滞している。観光客よりビジネスマンが多い、銀行や大企業の京都支社が建ち並ぶ、いわば「丸ノ内っぽい」道だ。
この道が、祇園祭となるといきなり、縁日の状態になる。普段渋滞している車道は歩行者天国となり、浴衣姿の若い男女や親子連れ、観光客の群れがこの道を埋め尽くすのである。

実は私は中学・高校と青森に育ち、親戚が居酒屋を経営していた関係で、「ねぶた祭り」ではかならず、焼き鳥や焼きおでんを売る露店を手伝っていた。ねぶたは「跳ね人（はねと）」と呼ばれる、まあ、踊り手みたいなものが、あの大きな人型の人形の後について踊り狂っていくのであるが、ねぶたと踊り手が通る間だけ、大通りへの車両の進入が封鎖される。

しかし、祇園祭はそうではない。

山車が動くずっと前から、当たり前のように通行止めにしてしまい、大通りにあふれかえるほどの観光客を遊ばせておくのである。通行止めになるのは他の通りもおなじことで、街の中心部、それもかなり広い範囲に、車が一切入れなくなるのである。ある一本のルートが封鎖されるのではなく、エリア全体が封鎖されているようなものだ。

夕方から夜11時までとはいえ、四条通のホコ天は2・3キロ。烏丸通と河原町通のホコ天を足して約1・4キロ。併せて4キロ弱の歩行者天国に、人がぎっしり詰めかけるのだ。ちなみに、東京銀座の中央通りの歩行者天国は1・1キロである。更にそのほかの路地にも山鉾があるので、そこにも人がみしみしと集まっている。

ほかの都市でこれほどのことが可能かどうか、わからない。場所はまさに京都のど真ん中、駅以外の都市機能が全て集中しているような場所である。お店も会社もたくさんあるし、荷物のやりとりや人の足など、どうしたって車を動かしたい場所であるはずなのだ。

だが、京都の人はこれを受け入れている。

祇園祭は西暦800年代発祥ということだが、それほど長い間、京都の人に大事にされてきた祭りであるからこそ、これほどの交通規制が可能なのだろう。都市全体がこの徹底的な通行止めを「あたりまえ」として受け止めるという、よく考えるとものすごい世界なのだ。

山鉾が巡行してそれを見上げるだけならあんまり萌えないな…と思ったが、テレビに映らないそこは完璧に「お祭り」であった。

宵々山の京都の町は、完全に露店と屋台の街と化していた。最近はあまり縁日的なものに行かなくなっていたので、たこ焼き・お好み焼き・フランクフルト・わたあめの他に、新商品がたくさんあるのに驚かされた。

「はしまき（割り箸にお好み焼き的なものを巻いて、フランクフルト状にしているもの）」

「きゅうり一本漬け（浅漬けかぬか漬けか、きゅうりの漬け物を切らずに割り箸をぶっ刺した、やはりフランクフルト状のもの）」

「ラーメンバーガー（ラーメンをバンズ状に焼き固めて目玉焼きをはさんだもの）」

「たまごせんべい（でっかいふつうのえびせんにソースを塗って目玉焼きをのせたもの）」

「たいやきパフェ（鯛焼きのタイの口に、フルーツやクリームを詰めたもの。フォアグラの作り方を想起させる。涙）」

「和牛ステーキ（和牛のステーキ）」

「肉巻きおにぎり（肉で巻いたおにぎり）」

私の心に残ったものだけでもこんな具合で、煩悩を刺激する新手のやり口がそこかしこに展開されていた。


が、祇園祭で何を忘れても買わなければならないのは「粽（ちまき）」である。お正月の項でご紹介した、家の前にしめ縄のように飾るための、魔除けのグッズだ。

実は私は、この粽《ちまき》を「正月飾り」だとカンチガイしていたのだが、それはほんとは、違っていた。粽《ちまき》は、正月飾りではなく、常に玄関の上にくくりつけておくためのものだったのである！

ただ、ずっと飾ってある家もたしかにけっこうあるのだが、正月前に俄然、増えることもたしかで、お正月飾りとして用いている家も少なくないようだ。

ラーメンバーガー。見た目はちょっとアレだが、味はあっさり塩味で、悪くない。

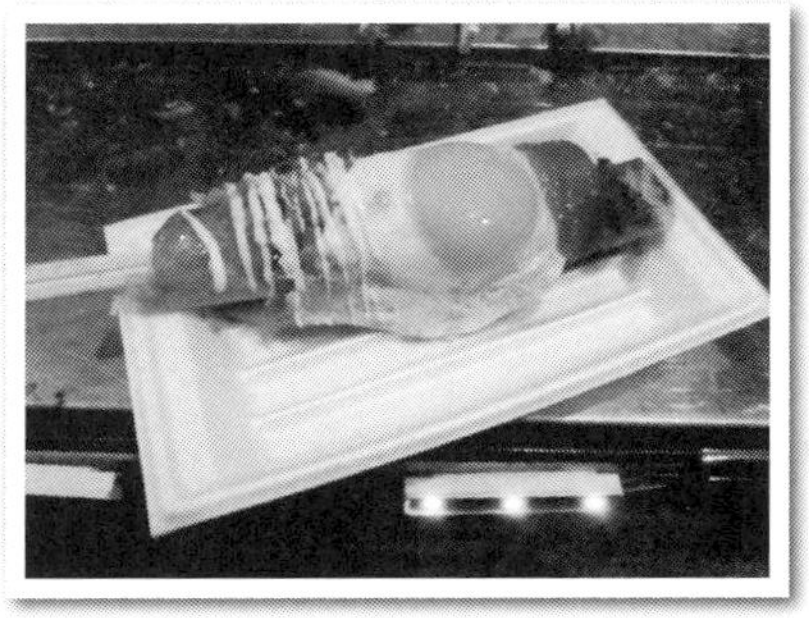
はしまき。棒の端っこに巻くからだとおもったのだが、食べてみたらお箸に巻いてあるのだとわかった。博多発祥らしい。

粽《ちまき》は、山鉾ごとに売られている。

山鉾巡行は、シードの山鉾以外は、くじ引きで練り歩く順番をきめるのだが、そのくじで一等賞をとった山鉾の粽が「縁起がいい」とのことで、人気があるらしい。

私はそんなことはどうでもいいので、一番先に見つけた粽を買った。

山鉾のすぐ近くに粽売り場があるのだが、お店に立っているのは、その多くが小学生くらいの女の子であった。男性が売っているのはほとんど見なかった。

女の子達はかわいい浴衣を着せられて、きちんと並んで座り、商品が積まれた売り台を前にして「粽いかがですかー！」と売り声を上げる。

そして、その売り声の合間に、５人くらいが声を揃えて、「ちまき売りのわらべうた」を歌うのである。

歌詞はこんなものだ。

「厄除け安産のお守りは、これより出ます

常《つね》は出ません今明晩《こんみょうばん》かぎり

ご信心の御方様《おんかたさま》は

受けてお帰りなされましょう」

基本的な節は同じだが、お守りの種類などが違うため、山鉾によって微妙に歌詞が違う。

このわらべうたが、とにかくカワイイ。かわいらしい。

小学生くらいの女の子というのは、自分の体験から言っても、ナマイキで気が強くて背伸びしていて、とにかくかわいくないというイメージがあったのだが、この浴衣姿のよくそろったわらべうたの女の子達は、文句なしにかわいい。

「あづまおとこと京おんな」のとおり、京都の女性は昔から、全国的に評価が高いが、何となくその理由が分かった気がした。物理的な容姿ということ以上に、「何か持ってる」。

ネットで「ちまき　祇園祭　わらべうた」で検索すると、動画も結構出てくるので、気になった方は是非、チェックを。

山鉾には人が乗る。

乗るのだが、これは昔から「女人禁制」であったらしい。

山鉾の準備等もそうで、祇園祭は男の祭り、相撲の土俵で行われるような祭りなのだ。

だが、その「周辺」は違う。物売りからゴミ箱の運営にいたるまで、徹底的に女の子や大人の女性達が周りを固めている。

小さい子にも上記の通り、ちゃんと役割があって、それを児戯としてではなく、責任持って果たしている。

現代ではどんな仕事も、「後継者」が見つかりにくくなっていると言われるが、京都ではけっこうどの業界でもちゃんと「後継者」が育つ傾向があるということを聞いた。

たしかに、子供の頃からこうして、社会的な役割を与えられてそれを果たし、社会的な人間関係の中に組み込まれていれば、自然と「自分が担うべきこと」を生活の中から、選び取っていくものなのかもしれない。

というわけで(どういうわけだ)、宵山の昨日は、はしまきとラーメンバーガーとたこ焼きとフランクフルトとキュウリ一本漬けをたべた。今、ちょっと胸焼けがしている。

祇園祭は別名「屏風祭り」とも言われる。

これは、昨日、一緒に屏風を見ていたおじさんの言葉を借りればこんなことである。

「祭りの時だけ、金持ちが『わしは金もっとるからこんなええもんもっとるんやで』といって屏風やらなにやら、大事なもんをこうやってみせびらかしとるんや。きっとええもんなんやろ、なんやわからんけど」

…ひどい。

もとい、祇園祭の期間、京都の商家の人々は、自分の家に所蔵している屏風やお人形など、ふだんは人に見せない大事なお宝を店先に出して、人に見てもらう、ということをするのである。ゆえに「屏風祭り」。

これは、京都市内がそのまま美術館になったようなものである。これを目当てにやってくる観光客も多いらしい。私もガラス越しに一枚、屏風を見たが、なるほど立派だった。

先のおじさんの言葉を、行きつけののみ屋さんで話したら、「それはちがう」と反論された。「ああして、持っているものを皆にみせつづけることで、店の信用が保てるし、文化がいたずらに外部に流出してこわされないように、守ってるんだよ」「だから、かなりムリをしてでも、お宝を売らずに、がんばってるんだよ」と教えてもらった。


そんな伝統や文化を尻目に、中高生とおぼしきカップルやグループが、ぶらぶら歩きながら今時の浴衣を着てあまずっぱい恋のさや当てをしているのを横目に見て「ああ、お祭りってこういう時期が一番盛り上がるんだよな…私は関係なかったけど」と、ほろにがい切なさを感じた。

お祭りのそんな醍醐味は、たぶん昔も今も、大して変わらないんだろう。

京都タワーと波頭

「京都タワー」。

京都駅に着くとまず最初に目に飛び込んで来る、白く大きな建物である。

そのまろやかで白い形状と、天辺付近のショッキングな朱色から、学生時代に住んでいた頃は「あれはマヨネーズがもとになったのではないか」「いやいや、あの色は木工用ボンドだろう」とさんざん揶揄していたものだが、社会人になって偶然東京で知り合った京都出身の人に「あれはお灯明を模したものである。断じてマヨネーズや木工用ボンドではない」と叱られた。

しかし。

このほど、ちゃんとした京都人から、あれはお灯明なんかではない、と、更に叱られた。

あの京都タワーというのは、実は「灯台」をモチーフに建てられたのだというのだ。

「京都には海はないですよね？　でも、あるんです。タワーから見たらあるんです。何だと思います？」と言われて、煙に巻かれたような気分になった。

「…昔は京都の南側は、海だったんじゃないですか？　伏見とかも全部、淀川だったんじゃないですか？　なんちゃって！」

とヒキ笑いをしてみたが、真面目な顔でこう返された。

「昔は、というところが惜しい。あの京都タワーに昇ると、下には何が見えたかというと、昔は限りなく続くように思われる瓦屋根が見えたんです。瓦屋根が、海の波頭のように、波のように、こう、かさなっていたわけですよ。ぎっしりと」

…なるほど。

五山の送り火

「光」は、なぜ人間の心を捉えるのだろう。

光があると、私たちは無意識にそちらを見る。

たぶん、古い時代に「火」を使うことが大事だったからだろうとか、いろいろ、合理的理由を類推しようと思えば、できないこともない。

星を見上げて、私たちはそれが「星だ」と知っている。

その光が、なんの役に立つわけでもない。

でも、私たちは光に憧れる。

さらに、憧れるだけでなく、私たちは光をつくり出そうとする。


夏、京都では「五山の送り火」が行われる。

これをシロウトは「大文字焼き」などと呼ぶが、京都人はそれを聞いて「『大文字焼き』など存在しない」と鼻で笑う。あれはあくまで「五山の送り火」なのだ。

8月16日、京都の北側を囲む山々に、「大」とか「妙」「法」、あと船の図形「舟形」などの形を描いて、大きな火が灯される。葵祭や祇園祭と並ぶ、京都四大行事のひとつだ。

平素、ハデな大花火を見慣れてしまった日本人にとって、これはいささか地味なイベントである。しかし、京都の人々や京都を訪れる観光客はこの「光」を大変に喜び、この日はオフィスビルやマンションのビルの高い階に人がたくさん集まる。普段は立ち入り禁止になっているビルの屋上も、1年のうちこの日だけは、開放されるのである。

で、私も、自分の住んでいるマンションの屋上に上ることができた。狭い屋上は人でいっぱいで、みんな手にカメラやケータイをスタンバイしている。周囲を見ると、多くのビルの上にたくさん人が出ていて、ベランダにも人が鈴なりである。この光景は、かなり面白かった。京都中で、建物の「上の方、上の方」に人が集まっているのである。

火は、東山の大文字から徐々に点火されていく。東の方に大きな「大」の文字がオレンジ色に浮かび上がると、京都の街全体が「おおおおおおおおお！」とひそやかに歓声を上げ、シャッターのパシャパシャいう音に満ちあふれるのだ。この歓声とシャッター音の一体感は、本当に独特である。

というのも、広いスタジアムとか、イベント会場などで、こうした「同時に歓声が起こり、シャッターが切られる」こ

舟形。下が切れているのは、ビルに遮られているからである。もう少し高いところから見れば、完全体で見られるのだが…惜しい。

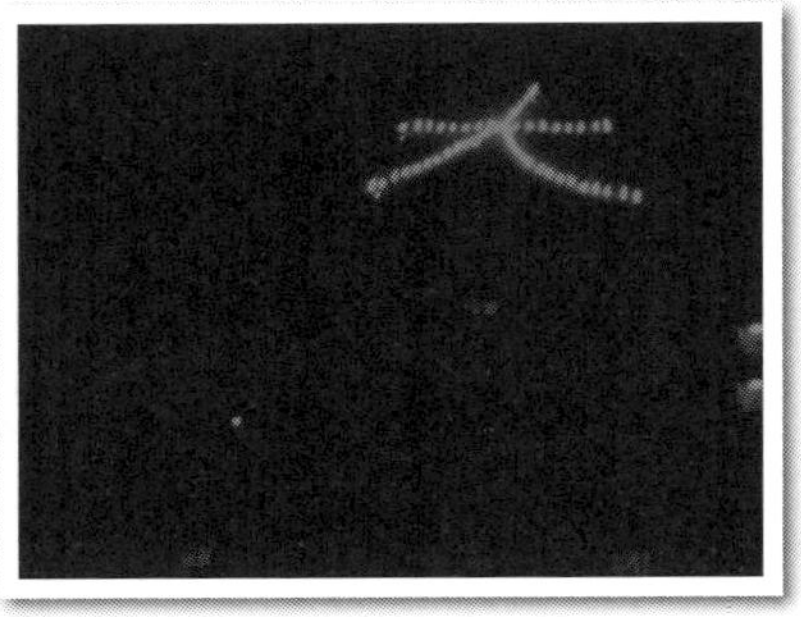

左大文字、と呼ばれる、北山の方の大文字。よくポスターなどで見るのは東山の大文字だが、こちらはまったりしていてふくよかだ。

とは、いくらでもあるであろう。たくさんの人が集まった1つの会場で、それが起こるわけだ。でも、この五山の送り火は違う。山に囲まれた「盆地」である京都の街全体がひとつのでかいスタジアムのようになり、火が輝くとみんなで静かに大興奮するのだ。街全体が、静かな興奮で大いに揺れるのだ。

送り火を眺めるのは「床」、すなわち鴨川沿いの料亭や食事処で眺めるのが最もツウな楽しみ方だということになっているようだが、私はこの「街中の屋上の興奮」が誠に面白かった。

ただ火がつくだけなのである。

写真の通り、不思議な形の点線が光って見える、ただそれだけなのである。

なぜこれがそんな、大興奮につながるのか。

「光」は、なぜ人の心をそんなにも捉えるのだろう。

私たちはあの五山の送り火を、「山火事だ、怖い」とかおもっているわけではない。「火だ、使えるぞ」とか思っているわけでもない。合理的な理由は何もない中で、老若男女の区別なく、幼稚園児からお年寄りまでが「燃えた！　おおおおおお!!」と興奮しているのである。

それが、五山の送り火なのである。

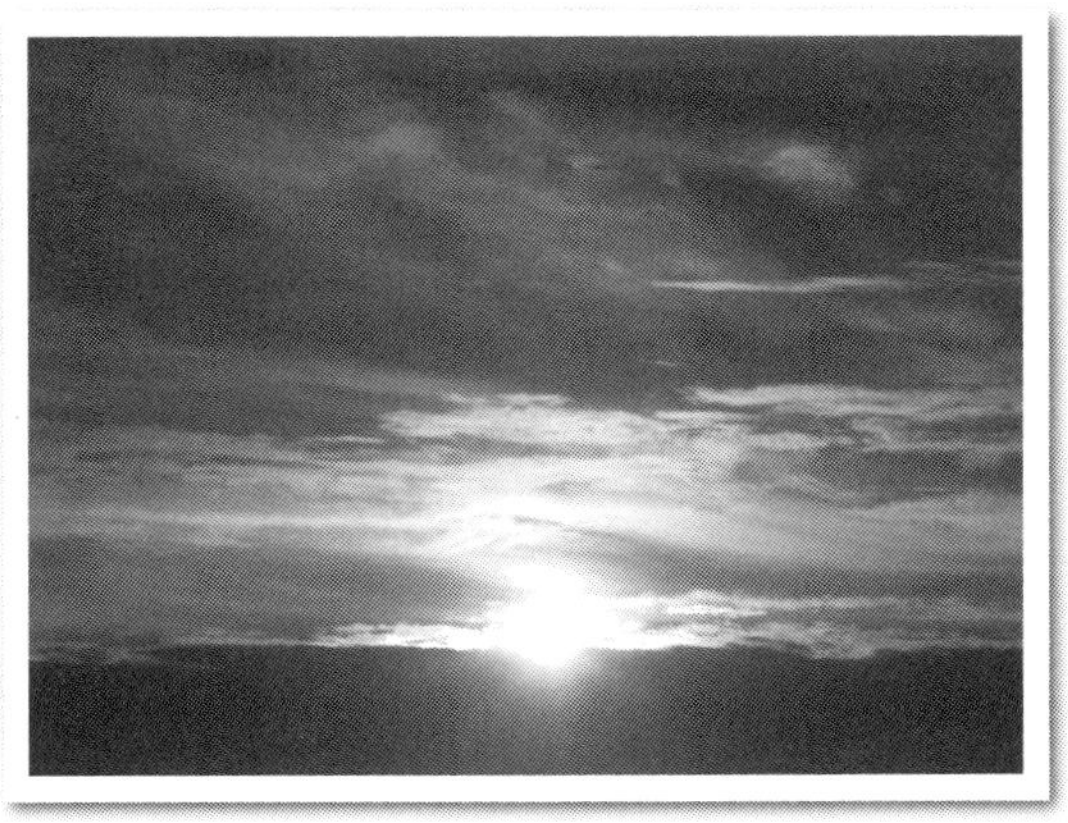

日光でスピリチュアル

「日光を見ずに、結構と言うな。」

昔から人口に膾炙している諺である。

いや、コトワザというのは、教訓や道徳などを含んでいなければならないはずなのだが、これはどちらかといえば「宣伝コピー」に近い。高校生の頃、「フニクリ・フニクラ」という曲もコマーシャルソングだという話を聞いてびっくりしたが、あれと同じ感覚のような気がする。ちなみに「フニクリ・フニクラ」とは、「行こう、行こう、火の山へ」の歌詞で知られるアレである。「鬼のパンツはいいパンツ」の替え歌でも、よく知られている。

って、そんな話はどうでもいい。

日光に行ってきたのだ。

日光と言えば修学旅行のメッカ、かくいう私も小学校と中学校の時、2回行っている。小学校は埼玉、中学校は青森で通ったために、こんなダブルブッキングになってしまったのだ。

2回も行ったんだからさぞかし日光通になれたか、というと、そんなわけはない。修学旅行で思い出に残ることと言えば、枕投げとかバスの中で流れた「幸せの黄色いハンカチ」の衝撃などであり、神社仏閣のことなど記憶のかたすみに引っかかっているかいないか、なのである。

日光東照宮には子供ウケするものが4つある。

「想像の象」「三猿」「眠り猫」「泣き竜」である。

全部、どうぶつ。

最後の一つはちょっとアレだが、とにかく、動物はわかりやすい。なんでこんなに動物がいるのかは寡聞にして知らないのだが、「〇〇観音」とか「〇〇阿弥陀如来」とか言われるより「サル」「ネコ」のほうが子どもの印象に残るのは当然だ。いや、子どもばかりではない。

今回行ってみて、大人達もこれらの動物たちの前で、いかにも無邪気に喜んでいた。

他の神社仏閣でこれほど「動物」をクローズアップしたところは見たことがない。あるのかもしれないけど、私は知らない。日光ほど有名ではないだろうと思う。

これはいったい、どういうことなのだろう。

以前から、この謎は私の現在の主な商売「星占い」とも、長い地下茎でつながっているような気がしていた。星占いの12星座は「ゾディアック（zodiac）」、ギリシャ語で「ちいさな動物の輪」の意味なのである。動物園は英語で「zoo」だが、これもギリシャ語源で「動物」ということなんだそうだ。ちなみに十二支は英語で「チャイニーズ・ゾディアック」と言う。

そんなわけで、いわば研究旅行気分で、日光観光を決行したのだった。

六月の日光は、梅雨である。

日光駅に降り立つと、しとしと雨が降っていた。とはいえ、湿度が高いためか、Tシャツ姿でもちっとも寒くはない。地元の人によれば、日光は一年を通してこんなふうに雲の低い、霧雨や靄の日が多いらしい。

実はこの日光特有の「天気」が、非常に重要なのだということがあとでわかった。

ひとまず荷物を宿に置き、早速タクシーで、東照宮方面に向かってみた。

いわゆる「日光山内」には、東照宮だけでなくいくつもの神社や寺が集まっている。明治時代に「神仏分離令」が出るまでは、一つの境内に寺と神社が一緒に並んでいたりするのが珍しくなかったそうだが、ここでも神社と寺が仲良く隣り合っている。（もっとも、輪王寺は二荒山神社の境内にあったのを、分離令によって外にひっぱりだしたのだそうだが）

たぶんそうしたいという事情があれば、隣にカトリックの教会でも創るだろう。というか、西参道から五分も行かないまさに至近距離に、ちゃんとカトリックの教会がある。仏教は元々、他の宗教をあまり排斥しない。土着の宗教なんかも取り込む懐の深さがある。神道の方でも「八百万の神々」で、神様同士が譲り合っているような世界なんだろうと思う。

日光山内のメインパビリオンは、東照宮、二荒山神社、輪王寺の3つ。さらにもうひとつ、大猷院（たいゆういん）というのがある。

東照宮は言わずとしれた、徳川家康をまつっている社で、大猷院はその孫、三代将軍家光をまつってある。祖父家康に遠慮して、すみっこにひっそりと、規模も小さめに建っているのです、とタクシーの運転手さんが教えてくれた。そして、「ここからずーっと華厳の滝、中禅寺湖を回っていろは坂を降りてきて日光駅までガイドして14500円です、いかがでしょう、はっはっは」と言った。次の日に乗ったタクシーの運転手さんも同じことを言った。

この陽気な営業をやんわり断って、しとしと雨の降る中、大猷院に近い西参道というところで降ろしてもらった。運転手さんによれば、「先に東照宮を見るより、こっちの大猷院を見てから東照宮を見た方が、その遠慮が実感できておもしろい」そうで、半ば強引にそのコースが決まった。

タクシーを降りたところにチケット売り場があった。ディズニーランドよろしく、全ての社寺を回れるパスポート的なチケットを買い(二日間有効)、なだらかな坂を、まずは大猷院向けて登っていった。

歩きながらふと、見上げると、樹齢何十年かという杉の巨木の森が、高々とそびえ立っている。天に届くばかりに高い杉の森に、ふわりと静かに、真っ白な靄が降りている。

「霊山」という言葉が、胸をよぎった。

人は多分、きらびやかなだけのものを「神々しい」とは思わないはずだ。日光の社寺があれほど、綺羅綺羅しく飾り立てられ極彩色に塗り立てられていても、その「神々しさ」を失わないのは、ひとえにこの、古い杉の森と、低く木々の峯まで降りてきた乳白色の雲のせいではないかと思われた。深い蒼緑の森と、薄くけぶる靄のコントラストは、まさに「きよらか」としか言いようがない。この清浄な森が、寺社群すべてをふかぶかと包み込んでいるのだ。

大猷院の本殿に至るには、ほどほどに細い石段を曲がりくねって登っていく。空に向かってまっすぐに伸びる杉によって、自分がいる空間に、目がくらむほどの途方もない「高さ」が生じる。まるで、無限に高い天蓋のなかを、天上界に向かって自分の足で登っていくような感覚に陥るのだ。こんな舞台装置を思いついた人はスゴイ、と感動した。

そして、そんなふうに舞台装置について冷静に考えようとしながらも、やはり胸には「畏怖の念」が湧いてきた。

この「畏怖」は、非常におもしろい感情だと思う。自分を圧倒するようなものの前に立って「おそろしい」「こわい」と思う気持ちに、「みちびかれる」「まもられる」という淡い喜びがブレンドされているのである。「参りました！」と負けを認めたとき、「もうどうにでも、好きにして下さい」という、「ゆだねる」感覚が生じるが、それに似ている。おそろしい、こわい、まもられる、ゆだねる。

これは、恋にも似ている。異性・他者という、どこか「理解しきれないもの」に惚れ込んだとき、その相手が自分に対して圧倒的な権力を持つようになる。恋人は、自分を徹底的に傷つけることもできるし、無上の喜びを感じさせることもできる。それは、おそろしくてこわいことだ。その恐ろしいものに自分の命運をゆだねてしまうような行為が恋だ。この恐ろしさを引き受けられずに、恋の周りでうろうろしても決して踏み込まない人もいる。信仰心を恋に喩えるなんてずいぶん卑近なようだが、恋も本気ですると、ずいぶん清浄で神々しいものなのだ。だからこそ、あれほどたくさんの音楽や文学が創られている。

神仏もある意味、恋人のような存在で、有無を言わさぬ災害や災難で自分を殺すこともできるし、不思議な縁と恵みで自分を幸せにすることもできる。そういう存在を設定し、「ここにそれがいます」と言い、祈りに来る人を集めるということが、寺社を建てるということなんだろう。

神様や仏様って、「いる」のだろうか。

それは、だれにもわからない。もちろん、世界中の人にこの問いを発したら、少なくとも半分以上の人が「いる」と確信に満ちて応えるだろう。でも、その理由は、別に論理的でも実証的でもない。

ただ、私達は神様やそれに類したものを、どうも、どうしても欲しているようだ、ということはわかった。

多分、人は誰に教えられなくても恋をする。

それと同じように、「自分の生活や人生を、どうにもならない力で圧倒してくる存在」を、何らかの形で具象化して、それを見たり、それに祈ったりすることを、どうしようもなく必要としているのだ。多分、生まれながらにそうなのだ。日本人は無宗教だと、よく言われる。だが、この日光の寺社を訪れている人の群れはどうだろう。老若男女、海外からも、たくさんの人々がそこにいた。拝み、お守りを買い、おみくじを引いていた。

それは、美術館や博物館を巡る人々の目ではなかった。

大猷院は、深緑の鬱蒼とした杉の森の中にこぢんまりと建ち、それ自体がご神体であるかのように、黄金と五彩に輝いていた。登っていった高い山の、深い森の奥に、宝物のような御殿がひっそりと建っている。

深い森に分け入る夢や、高い山に登っていく夢を、多くの人が見たことがあるんじゃないかと思う。そうした夢を、「自分の内なる無意識の森に入っていく」というふうに解釈をすることがあるが、この山登りはそれを顕在意識においてやっているようなものなんだろう。登るにつれて、「何のためにのぼるのか」とか、「神様なんかいないんじゃないだろうか」などといった地上の価値観が奪い去られていく。非論理的なものや非日常的な物の中に入っていって、それが「あたりまえ」のように感じられる。目が覚めてみれば「そんなことありえないだろう！」というようなことを、夢の中では当然のように受け止めていることがよくあるが、それと似ている。

大猷院の本殿に入ると、金色に塗られた空間が重々しく光っていた。その前に10畳ほどの畳の間があって、その真ん中にヨーロッパから来たとおぼしきブロンドのカップルがじっと座っていた。私の後からも入れ替わり立ち替わり、いろんな方言の人々が入ってきては出ていった。ここでは普通に鈴（りん※仏壇の前にある金属のお椀のようなもの。棒で叩いて馴らすアレ）を鳴らして勝手に拝んでいいことになっている。座布団の上でゆっくり三回、入念に鳴らしながら深々と拝んでいる女性が印象的だった。

「スピリチュアル」は数年前からよくはやっている言葉だが、私はこれがどうにも苦手で、ずっと敬遠してきた。でも「占い」はその世界と切っても切り離せない分野であり、スピリチュアルをうたう雑誌等にもたまに、寄稿することもあり、それを自分でどう捉えて良いのか解らずに、戸惑い続けて来た。

先日、ＷＨＯ（世界保健機関）が「スピリチュアルな健康」を、「健康」の定義に加えようとしてやめた、というハナシがあった。ここでいう「スピリチュアル」は、流行した「スピリチュアル」とは、内容がだいぶ異なっている。ＷＨＯが議題とした「スピリチュアル」は、いわば「キリスト教以外の宗教も宗教と認めるし、宗教と名前のつかないようなものも宗教的と言えるのもあるし、それをひっくるめて『スピリチュアル（魂の救済）』って言おうね」みたいなことなのだ。宗教界における「バリアフリー」いやいや「ユニバーサルデザイン」みたいな言い方が「スピリチュアル」だと思う（多分）。

これに比して、先般はやった「スピリチュアル」は、前世占いとか、引き寄せの法則とか、満月に向かって財布を振るとか、オカルトと現世利益とオマジナイのまじりあったようなものだ。これは、感覚的に、だいぶ違う。

でも、ほんとのほんとの根っこのところでは、その「内容」は、実は、溶けあっている。

スピリチュアリティとはなにか

「スピリチュアルにもちょっと興味あります。」

ＳＮＳやブログ等につけられているプロフィールに、しばしば見かけるフレーズだ。

この「スピリチュアル」が意味するところはおそらく、テレビ番組「オーラの泉」などで広まった一連の観念のことなんだろうと思う。

私の元にもしばしば、「オーラは見えますか」とか「私の前世はイタリア人らしいのですが、石井さんはどう思われますか」などといった質問が寄せられた。

私は、そういうのはよくわからない。

前世があるかどうかもわからないし、オーラとかも見えない。スピリチュアルといわれる世界に興味があるかといわれれば、正直「あまり近寄りたくない」と思っていた。

しかし、ブームが沈静化したと思われる最近、今度は雑誌等のお仕事のほうから、「パワースポットを教えて下さい」「パワーストーンのプロデュースを」などといわれて、びっくりすることが増えた。星占いなんかやってるんだから、パワーストーンやパワースポットにも詳しいんだろう、と思われるらしく、「そういった分野にご関心はおありですか?」などの前置きも何にもなく、いきなり原稿を頼まれるのである。結局、何も知らないので、お断りするしかない。

しかしよく考えてみると、「日常世界」からすれば、占いとかパワー〇〇とか、オーラとか前世とかは、オカルトで神秘的な「一つの世界」に見えても不思議はない。星占いという怪しいジャンルはもう完全に「その世界」のもので、私はそこでどっぷり仕事をしているわけで、「なんでもくわしいだろう」と思われても仕方がないのだった。

日光の話である。

天高くまっすぐにそびえ立つ杉の、どこまでも深く厳かな森に、白い清浄な霧が降りてくる「霊山」としか言いようのない、神秘的な空間。

あの光景を見たら、どんな宗教を信じていようが、あるいは無宗教であろうが、誰もがとりあえず、頭を垂れる気分になるだろう。

この光景の中で、「スピリチュアル」という言葉が私の脳裏を横切った。

この神々しい「霊山」という舞台装置の奥に、豪華絢爛に鎮座ましましているのが、日本では知らぬものとてない天下の「東照宮」だ。

小学生の頃から習い覚えているため、当たり前すぎてあまり疑問に感じないのだが、特に天皇の血縁でもない一介の武将が「神」としてまつられているというのがよく考えると「おや?」と思える。

さらに、徳川家康の場合、後世の人があやかりたいとかこわいとかいう理由で神にたてまつったのではない。本人が生存時に「自分が死んだら神様としてまつるように」と言い残してこうなったのだ。

しかし、東照宮の光景は、そんな「そもそも」の疑問を吹っ飛ばす力を持っていた。

東照宮にそびえる一連の門やお堂は鮮やかな五色に彩られ、幾多の石灯籠に囲まれており、建物の中に入れば金の装飾で空間がぼうっと光っているように感じられる。多くの観光客や参拝客がこれを恭しく眺め、そこにいることを畏れつつ楽しんでいる。

神社仏閣巡りといえば、中高年が主で、そのほかに昨今かまびすしい「歴女」的なちょっとんがった人々がいたりするのかな、と想像していた。

でも、ここは違うのだ。確かに中高年もいるが、それ以上に多いのが、若い家族連れ、若いカップル、走り回る子どもたち。日頃神仏なんかに興味がなさそうな人たちが、わいわいと群れを成してジャージで境内を移動しているのだった。

この血気盛んな群れに混じって一緒に本堂に入っていくと、金色もまばゆい空間で、巫女さんの姿をした女性が大きな声でガイドをはじめた。建物の由来や、漆塗りの床のこと、ご神体の鏡のこと、飾られている和歌の絵、等々、立て板に水の解説をした後に、すかさず本堂の脇で売られているお守りについて、アピールした。

「この本堂だけでお求め頂けるお守りを５００円でおわけしております、是非お手にとってご覧下さい」。

長い階段や坂を上り、森の奥へ奥へと進んで到達した「神殿」の、ご神体に至近距離な黄金の部屋で、「ここでしかお分けしていないお守り」。外のお土産屋さんで「販売」されているお守りより、はるかに「効きそう」な感じがする。

東照宮を出てすぐの輪王寺に入ったときも、同じことが行われていた。

他の神社仏閣では、正月でもない限り、参拝したところで宮司さんやお坊さんなど、そこで働いている人たちの姿を目にすることはあまりない。

しかし、日光は違う。まるでＴＤＬのキャストよろしく、そこここに僧衣や巫女さんの格好をした人々がいて、すぐに無料でガイドしてもらえるのだ。

輪王寺の入り口に立つと、すぐに作務衣をきた若い僧侶とおぼしき人が来て、「ご案内いたしますので少々お待ち下さい」といわれた。待っている間に私と同じようなお客さんがぽつぽつと集まり、10人程度になったところで「それではご案内します」と中に通された。ＴＤＬでいうと「シンデレラ城ミステリーツアー」的なアレである。

内部に通され、荘厳なお寺の部材や漆のこと、あちこちに置かれた仏像の説明などをしてもらい、最後に八体の菩薩像の前に来た。

ここで、案内のお坊さんは、こう言った。

「ここに八体の菩薩様がいらっしゃいます。それぞれ、お守り下さる干支が決まっております。皆さんの生まれ年の干支をお守り下さる菩薩様に、お手を合わせてお願い事をすると、お願い事が叶うといわれております」。

「千住観音様は子年の守り神様で、子年生まれの方は財運に恵まれるといわれております。虚空像菩薩様は、丑年と寅年の守り神でございます。虚空像菩薩は知恵の菩薩様で、丑年と寅年に生まれた方は、心の広い方となるのでございます」

あー、私寅年だから、心ひろいんだ。いや、結構狭いと思うけど、でもほんとは広いのかな…

…って、これ、「占い」じゃん！

と、私は心の中で大きく突っ込んだ。

まさか、世界遺産の寺院の中で、まぎれもない「性格占い」を堂々とやられるなんて、夢にも思わなかったのだ。

一緒にガイドしてもらった観光客達は、自分の神様の前に移動して、一心に拝んでいた。

私も同じように虚空像菩薩にお祈りしつつ、軽くショックを受けた。

ぼーっとしながら外に出ると、そこでは盛大にお数珠が販売されていた。

「普通の百貨店などで買うのは『お数珠』です。こういうふうにお寺でお分けしております
ものは、ちゃんとお経を上げて念を込めておりますから『念珠』と申します。もちろんお数

珠でも結構なのですが、お数珠をお店で買われたらちゃんと、お寺で念を入れてもらうために、お経を上げてもらう方がいいんです。で、このお念珠の使い方ですが、正しい使い方をご存じですか？　お葬式の時、お焼香をされますね、そのときはこの、一番大きな、房の付いた親珠を親指で押さえて、ぐっと握ります。そうすると、魔除けになるのでございます…」

…それって、もはや、おまじないではないだろうか…。

このお数珠の「親玉」には、レンズが填め込まれていて、これをのぞき込むと、中に菩薩像が見える。例の8種類の菩薩様の中から、自分の干支に合わせて「守り神」の菩薩の念珠が買えるのだった。

「仏教」は、色即是空、この世のものはみな虚しく、現世で価値ありとされるものにこだわるな、と教えているはずだ。

しかし、ここにきて目の当たりにしたのは、ここでしか手に入らないお守りや、占いやおまじないや魔除けや、その他諸諸、むきだしの現世利益であった。私達の「祈り」は、家内安全、無病息災、良縁成就、子孫繁栄、金銀財宝…いずれも「この世」での幸福を祈るもので、それを叶えるために神仏も必死に頑張ってくれている、というメッセージが至るところで発信されていた。

この念珠売り場の奥に、「護摩堂」があった。

護摩堂とは、護摩行をするお堂である。護摩行とは、火を使ってするご供養だ。密教系である真言宗と天台宗で行われるもので、輪王寺は天台宗であり、護摩炊きを行う。火でどんなふうに供養をするのか、見てみたい、と思ったら、ちょうどすぐにご供養が始まるとのことだった。

護摩供養は45分ほど。供養をお願いしている家族が3家族ほど内側にいて、始まるのを待っていた。私は外野席で、遠巻きに見ていた。

すると、お坊さんがやってきて、家族に挨拶し、簡単に説明した後、おもむろに供養をはじめた。

密教はたくさんの華やかな道具を使い、ハデに動作しながら供養を進めるので、目にもおもしろい。踊りのようなオーバーアクション、大きな音の出る鐘をうちならし、きらきらと供養が進んで行く。

そして、火だ。

お坊さんは傍らに置かれた拍子木のような木を、目の前に燃え上がらせた火にガンガンくべて、火力を大きくしたり小さくしたりする。小さな声で囁くように祈るときはちいさな火で、それに木をくべて火が大きくなると怒鳴るように声も荒ぶり、さらに木の葉のような房をくべると、火の粉が花火のように舞い上がって音を立てるそばから、力強いかけ声をかける。

声に合わせて動く炎が、まるで僧侶に自由自在に「操られて」いるかのように見えるのだ。火は、一般に、ちょっとしたことで燃え移ったり燃え広がったりする。その扱いが大変むずかしいことを、私達は日常生活でよく経験している。特に、木造建築が主流の日本では、歴史上何度も大火が起きており、まさに人知を越えた恐ろしい力の一つだ。

その力を、誦経のリズムに合わせて、大きく燃え上がらせたり、またちいさく鎮めたりする。これは、「人知を越えたものと交流できますよ」という、メッセージであり、パフォーマンスなのだろう。

護摩行は圧倒的な迫力で、終わったときには目の中に火の残像が残って困った。

「○○とは、自然および人間生活のコースを左右し支配すると信じられている、人間以上の力に対する融和・慰撫である」。

この「〇〇」のところに、何が入るだろう。

私達は、自分が生きているこの人生を左右し支配する、自分には及びも付かない力が「あるんだろうな」と感じている。

恋人の気持ちや、受験の合否や、商談の成立や、病気の克服などは、自分の力だけではもう、どうにもならない。もっと大きな「どうにもならないこと」も、数々ある。先般の大震災を挙げるまでもなく、私達は人生の曲がり角でしばしば、圧倒的なあらがいがたい力に遭遇する。

そういう力が「運」とか「縁」とか「運命」とか「霊魂」とか「心霊」とか「神」とか「仏」とか「前世」とか「オーラ」とか「シンクロニシティ」とか「セレンディピティ」とか「生きている意味」とか「ソウルメイト」とか名付けられ、私達はそれに祈ったりすがったり怒ったりしながら生きている。

そう考えてみると、上記の「〇〇」のところには、たとえば「星占い」でも十分あてはまる。「パワーストーン」でもいけるだろう。「お守り」でも「おまじない」でもいい。

上記の「〇〇」には、実は、「宗教」が入る。宗教学者フレイザーが提示した、宗教の定義なのだ。

でも、「宗教」でなくとも、上記のとおり、「人間以上の力」と融和するための手段は、たくさんあるのだ。

日光東照宮には、そんな手段のあらゆるバージョンが、「ぎゅっ」と集められていた。そして、人々は本当に老若男女を問わず、その空間をさまよい歩きながら、これでもか、これでもかと何度も手をあわせ、「人生のコースを左右する、人間以上の力」に向かって、語りかけていたのだった。

スピリチュアリティというのはつまり、このことなのだ、と思った。

東照宮の近くに、お地蔵様がたくさんまつられている小さなお寺があった。

お地蔵様たちには、よだれかけや給食袋、小さな服など、たくさんのかわいらしい布製品が、うずたかくかけられていた。子ども達が実際に使っていたものもあるようだった。

帰りに、一つの看板が目に入るようになっていて、そこには「どうぞ、苦捨してお帰り下さい」と書かれていた。

子どもを亡くした親たちの罪悪感、後悔、悲しみを、お地蔵様とこのメッセージとが、なんとかして、救いとろうとしているように見えた。

東照宮の近くのあるお寺にあった看板。「どうぞ苦捨（苦しみ悩みを捨てる）してお帰り下さい」とある。

おわりに

イースト・プレスさんからは、先に、星占いで相性を読むガイドブック『星の交差点』を出させて頂いた。

そのご依頼を頂いたとき、つい
「旅日記もまとめてもらえませんでしょうか」

と、ダメモトでワガママを言ってみたら、なんと！　夢が叶ってしまった。

今まで各社様から何十冊もの本を出させて頂いているが、純粋な体験談のまとめである「エッセイ集」は、これが初めてだと思う。

とても嬉しい。

何年も連載を続けたりすると、なんといっても「仕事」であるから、いろんなことがあるものだが、この連載は5年くらいも続いたのに、良い思い出しかない（忘れてるだけかもしれないが（爆）。

もとい、ほんとうにありがたい。

人生では、頻繁に旅に出られる時期と、そうでない時期とがある。

自分が病気になったり、仕事が忙しかったり、子育てや介護などで外に出られなくなったりする。

いつでもどこにでもいけるときには出不精で出ないくせに、行けないとなると無性に行きたくなったりするのは、人間のみょうな業だ。


でも、地球上に生きているだけで、毎日居場所はぐるぐる移動している。

さらにいえば、太陽系と一緒に、銀河系とともに、私たちはじつは、宇宙を常に、移動し続けている。

私の平素の商売は「星占い」だが、空を見上げるとそこは「車窓」のようなものだ。

そう考えると、未来に向かって、未知の風景に向かって、私たちは旅をし続けている生き物だ、と言える。

未来に向かって、時間に乗っかっているだけで、私たちは十分、「旅人」なのだ。

連載のタイトルは前半が「石井ゆかりの臆病旅日記」、後半が「石井ゆかりのじんせいはたび（仮）」だったが、あながち「仮タイトル」でもなかった。

『星の交差点』に続き、今回も美しく本を仕上げて下さった坂川さん、表紙の写真をご提供下さった野寺さん、そして粘り強く丁寧におつきあい下さった塚原さん、ほんとうにありがとうございました！

〈初出〉
『恋運暦』（イースト・プレス）２００９年９月号～２０１２年３月号
『開運帖』（イースト・プレス）２０１２年６月号～２０１５年４月号より抜粋。

後ろ歩きにすすむ旅

2016年1月27日　初版第1刷発行

著　　者　石井ゆかり

装幀・本文デザイン　坂川栄治+坂川朱音（坂川事務所）

カバー写真　野寺治孝

D　T　P　松井和彌

編　　集　塚原加奈恵

発 行 人　堅田浩二

発 行 所　株式会社イースト・プレス

〒101-0051
東京都千代田区神田神保町2-4-7 久月神田ビル8F
電話 03-5213-4700　　FAX 03-5213-4701
http://www.eastpress.co.jp

印刷・製本所　中央精版印刷株式会社

ISBN978-4-7816-1381-9 C0095